和谐校园文化建设读本

成语故事

CHENGYU
GUSHI

齐佳楠/编写

吉林出版集团股份有限公司
吉林教育出版社

图书在版编目(CIP)数据

成语故事 / 齐佳楠编写. —长春：吉林教育出版社，2012.6（2023.2重印）
（和谐校园文化建设读本）
ISBN 978-7-5383-8781-0

Ⅰ. ①成… Ⅱ. ①齐… Ⅲ. ①汉语—成语—故事—青年读物②汉语—成语—故事—少年读物 Ⅳ. ①H136.3-49

中国版本图书馆 CIP 数据核字(2012)第 115969 号

成语故事
CHENGYU GUSHI
齐佳楠　编写

策划编辑　刘　军　　潘宏竹
责任编辑　刘桂琴　　**装帧设计**　王洪义

出版　吉林出版集团股份有限公司（长春市福祉大路5788号　邮编 130118）
吉林教育出版社（长春市同志街1991号　邮编 130021）
发行　吉林教育出版社
印刷　北京一鑫印务有限责任公司

开本　710 毫米×1000 毫米　1/16　**印张**　13　**字数**　165千字
版次　2012 年 6 月第 1 版　**印次**　2023 年 2 月第 2 次印刷
书号　ISBN 978-7-5383-8781-0
定价　39.80 元

编　委　会

总序

千秋基业，教育为本；源浚流畅，本固枝荣。

什么是校园文化？所谓“文化”是人类所创造的精神财富的总和，如文学、艺术、教育、科学等。而“校园文化”是人类所创造的一切精神财富在校园中的集中体现。“和谐校园文化建设”，贵在和谐，重在建设。

建设和谐的校园文化，就是要改变僵化死板的教学模式，要引导学生走出教室，走进自然，了解社会，感悟人生，逐步读懂人生、自然、社会这三本大书。

深化教育改革，加快教育发展，构建和谐校园文化，“路漫漫其修远兮”，奋斗正未有穷期。和谐校园文化建设的研究课题重大，意义重要，内涵丰富，是教育工作的一个永恒主题。和谐校园文化建设的实施方向正确，重点突出，是教育思想的根本转变和教育运行机制的全面更新。

我们出版的这套《和谐校园文化建设读本》，既有理论上的阐释，又有实践中的总结；既有学科领域的有益探索，又有教学管理方面的经验提炼；既有声情并茂的童年感悟；又有惟妙惟肖的机智幽默；既有古代哲人的至理名言，又有现代大师的谆谆教诲；既有自然科学各个领域的有趣知识；又有社会科学各个方面的启迪与感悟。笔触所及，涵盖了家庭教育、学校教育和社会教育的各个侧面以及教育教学工作的各个环节，全书立意深邃，观念新异，内容翔实，切合实际。

我们深信：广大中小学师生经过不平凡的奋斗历程，必将沐浴着时代的春风，吸吮着改革的甘露，认真地总结过去，正确地审视现在，科学地规划未来，以崭新的姿态向和谐校园文化建设的更高目标迈进。

让和谐校园文化之花灿然怒放！

本书编委会

目 录

爱屋及乌

在商朝末年，纣王昏庸无道，挥霍无度，天下百姓怨声载道。姬昌是西部诸侯国的首领，他决定顺应民意，替天行道，推翻纣王的统治。只可惜，他没有实现自己的愿望就去世了。他的儿子姬发继承了王位，就是周武王。

周武王聪明贤德，年轻有为。他借助军师姜尚和两个弟弟周公姬旦、召公姬奭（shì）的帮助，积极练兵，并联合其他诸侯国，共同攻打商朝。两方在牧野大战的时候，武王的军队越战越勇，而纣王的军队却毫无战斗力——将士们早就不愿为丧尽天良的纣王卖命了，他们放下军械，投奔到周武王的那一边。周武王的军队乘胜追击，很快攻克了商朝的都城朝歌（今河南商丘），纣王走投无路，点火自焚。商朝无主，也就灭亡了。

纣王死后，周武王并未感到轻松。要想尽快结束战乱，安定天下，必须首先安顿好纣王留下的军队。他征询姜太公的意见。太公说：“我听别人说：‘喜欢一个人，就会连同喜欢他屋顶上丑陋的乌鸦；而憎恨一个人，就是看到他家的篱笆墙，也会深恶痛绝。’所以，大王应该杀掉那些将士，斩草除根，不留祸患，只有这样做，才可以稳住大局，统一天下。”

周武王不同意姜太公的意见，就问召公。召公说：“将士中有罪的就杀掉，没罪的就放掉，大王以为如何？”

周武王还是觉得不满意。周公站出来说：“大王取得了天下，应该以仁德感化百姓，既不偏爱自己的亲友部下，又能尊重其他人，这样才能让他人服气。我看应该让纣王的部下回家种地，和家人团聚。这样既消除了敌对势力，又让他们各得其所，安居乐业，大王觉得如何？”

周武王听后十分高兴，认为自己得到了安邦治国的良策。周武王按周公的意见治理天下，使周朝不断强大起来。

周武王虽未采纳姜太公的建议，但“爱屋及乌”却成为千古流传的一句成语。

【出处】《尚书大传》

【释义】 本义是爱某个人就连他家屋顶上的乌鸦也都喜爱。比喻喜爱某人，从而爱及与他有关的人与事物。

【例句】 他与自己的学生感情很深，爱屋及乌，所以一直珍藏着学生们制作的纪念品。

安步当车

战国时期，齐国有位高士，名叫颜斶（chù）。齐宣王仰慕他的声名，把他召进宫来。颜斶随随便便地走进宫内，来到殿前的阶梯处，见宣王正等待他拜见，就停住脚步，不再行进。宣王见了很奇怪，就呼唤说："颜斶，走过来！"

不料，颜斶还是一动不动，呼唤宣王说："大王，走过来！"

宣王听了很不高兴，左右的大臣见颜斶目无君主口出狂言，都说："大王是君主，你是臣民，大王可以叫你过来，你也叫大王过来，怎么行呢？"

颜斶说："我如果走到大王面前，说明我羡慕他的权势；如果大王走过来，说明他礼贤下士。与其让我羡慕大王权势，还不如让大王礼贤下士的好。"

齐宣王恼怒地说："到底是君王尊贵，还是士人尊贵？"

颜斶不假思索地说："当然是士人尊贵，君王并不尊贵！"宣王说："你说这话有根据吗？"

颜斶神色自若地说："当然有。从前秦国进攻齐国的时候，秦王曾经下过一道命令：有谁敢在高士柳下季坟墓五十步以内的地方砍柴的，格杀勿论！他还下了一道命令：有谁能砍下齐王的脑袋，就封他为万户侯，赏金千镒。由此看来，一个活着的君主的头，竟然连一个死去的士人坟墓都不如啊。"

齐宣王无言以对，满脸不高兴。大臣们忙来解围："颜斶，过来！颜斶，过来！我们大王拥有千乘（一千辆战车）之国，东西南北谁敢不服？大王想要什么就有什么，老百姓没有不俯首听命的。你们士人太卑鄙了！”

颜斶驳斥道：“你们说得不对！从前大禹的时候，诸侯有万个之多。这是为什么呢？因为他尊重士人。到了商汤时代，诸侯有三千之多。如今，称孤道寡的才二十四个。由此看来，重视士人与否是得失的关键。所以君王要以不经常向人请教为羞耻，以不向地位低的人学习而惭愧。”

宣王听到这里，才觉得自己理亏，说：“我是自讨没趣，听了您的一番高论，才知道了小人的行径。希望您接受我为您的学生！今后您就住在我这里，我保证您饮食有肉吃，出门有车乘，您夫人和子女各个会衣着华丽。”

颜斶却辞谢说：“玉，原来产于山中，一旦经匠人加工，就会被破坏，虽然仍然宝贵，但毕竟失去了本来的面貌。士人生在穷乡僻壤，如果选拔上来，就会享有利禄；不是说他不能高贵显达，但他外来的风貌和内心世界会遭到破坏。所以我情愿大王让我回去，每天晚点吃饭，也像吃肉那样香；安稳而慢慢地走路，足以当做乘车；平安度日，并不比权贵差。清静无为，纯正自守，乐在其中。命我讲话的是您大王，而尽忠直言的是我颜斶。”

颜斶说罢，向宣王拜了两拜，就告辞而去。

【出处】《战国策》

【释义】 指慢慢地走，当做坐车。

【例句】 没有交通工具，我只好安步当车。

安如泰山

枚乘，字叔，西汉淮阴（今属江苏）人，是汉代著名的文学家。汉景帝时，他在吴王刘濞府中担任郎中。

吴国是当时诸侯中的大国，吴王刘濞野心很大，对中央政权心怀怨恨，暗中图谋叛乱。汉景帝任用富有才能的政治家晁错为御史大夫，晁错主张削减各诸侯国的领地，加强中央的权力和威信，巩固国家的统一。刘濞看到一些诸侯王纷纷被削减了领地，知道自己也在所难免，于是联络楚、赵、胶西、胶东等国的诸侯王阴谋策划叛乱。

枚乘清醒地看到刘濞阴谋反叛的祸害，写了《上书谏吴王》对刘濞进行劝谏。在谏书中，他说：

“您要是能够听取忠臣的话，一切祸害都可以避免。如果您一定要照自己所想的那样去做，那是比叠鸡蛋还要危险，比上天还要艰难的；不过，如果您能尽快改变原来的主意，这比翻一下手掌还容易，也能使地位比泰山还稳固。”

但刘濞执迷不悟，加紧进行阴谋活动。于是，枚乘只得离开吴国，到梁孝王刘武府中做了宾客。

公元前154年，刘濞联络楚、赵、胶西、胶东等诸侯王，以“清君侧”杀晁错为名，起兵叛乱，历史上称“七国之乱”。

汉景帝听信谗言，杀了晁错，向诸侯王们表示歉意。这时，枚乘又写了《上书重谏吴王》，劝刘濞罢兵。刘濞还是不肯回头。不久，汉朝大将周亚夫率领军队打败了吴楚叛军，楚王刘戊自杀，吴王刘濞逃到东越被杀，其余五个诸侯王也落得自杀或被杀的下场。这场叛乱只有三个月就彻底失败了。

“七国之乱”平定之后，枚乘因写了《上书谏吴王》，具有远见卓识而名声大振。

后来汉武帝继位，派人征召他进京做官，可惜他还没有到达京城，就死于途中。

【出处】《上书谏吴王》

【释义】 像泰山一样安稳，不可动摇。形容十分稳固。

【例句】 在敌人的强大攻势下，我军阵地仍安如泰山。

按兵不动

春秋末年，卫国是一个弱国，受晋国压迫。卫灵公不甘长此以往，所以励精图治，与齐国交好、与晋国断绝关系。

晋国的执政官员赵鞅不能容忍卫国的行为。他派大夫史默去卫国了解情况，希望他一个月之内回来汇报情况。

谁知史默一个月后竟然没有回来，很多人都建议赵鞅赶紧出兵：卫国是个小国，兵力不足，晋国定能战胜卫国。

赵鞅不想打没有准备好的仗。他决定等史默回来后再作决定。

半年后，史默终于回来了。他讲述了卫国所作的多项准备：

首先，卫国任命受过陷害的贤臣蘧伯为相国，全国百姓都很佩服他。

其次，卫国想出各种方法调动国民反抗晋国的情绪。卫灵公派大夫王孙贾向国人宣布：晋国要卫国的人质，有女儿、有姐妹的每户都要抽一人去。消息传开后，卫国人民都痛骂晋国。为了让大家对消息确信无疑，王孙贾真的抽选出一些大夫的女儿，准备送往晋国。卫国人都前去阻挡，大家都纷纷表示，坚决和晋国打到底，决不当晋国的奴隶。

另外，孔子到了卫国，他的弟子子贡给卫灵公出谋划策。

史默最后说，卫国已经在各方面做好了与晋国打硬仗的准备。

赵鞅听了史默的介绍，认为应该等待时机，下令军队听候命令，等做好充分准备再行动。

【出处】《吕氏春秋》

【释义】原指军队暂不行动，以待时机。现多指接受任务后不愿行动，坐以观望。

【例句】事情来得突然，我们都惊慌失措，唯有他按兵不动，静观其变。

按图索骥

相传，春秋时期有一个叫伯乐的人，他相马的本领无人能比，只要他绕着马走一圈，就能根据马的长相判断出马的好坏。

不管是饿得皮包骨头的良马，还是养得膘肥体壮的劣马，都逃不过他的眼睛。伯乐年老时，根据自己多年积累的经验，写了一本书，叫《相马经》。他在这本书里，详细地介绍了千里马的形体特征。

额头应当怎样，眼睛应当怎样，身架怎样，蹄子怎样，毛色怎样……这些都写得很清楚。

他的儿子看了此书，花了很长时间把千里马的额头、眼睛、身架、蹄子、毛色等特点背得滚瓜烂熟，准备出去“按图索骥”，寻找千里马。

几天后，他的儿子高高兴兴地跑回来，连声说道：“我可找到千里马了！我可找到千里马了！”伯乐要他说说找到的马究竟长得怎样。他儿子说：“这匹千里马的长相和《相马经》上讲的差不多，就是蹄子有点毛病，不太像。”说完，从布袋里拿出一只癞蛤蟆来。

伯乐看了哭笑不得，他知道儿子笨，也没责怪儿子，只是苦笑着说：“你找来的这匹‘马’确实是能蹦能跳，可它驾不了车啊！”

【出处】《汉书》

【注解】索：找。骥：好马。

【释义】按照图上所画的，去找好马。比喻生搬硬套，拘泥成法。现多比喻按线索寻找事物。

【例句】做好一件事必须要亲身实践，纸上谈兵和按图索骥的做法都应当反对。

暗度陈仓

项羽在秦朝灭亡之后，自封为西楚霸王，他还分封了十八个诸侯王。项羽担心刘邦将来会与自己争夺天下，就暗中与范增商量，决定将刘邦贬到地势险要的巴蜀地区。于是，刘邦被封为汉王，受命管辖巴、蜀、汉一带，建都南郑（今陕西南郑）。项羽又将汉中一分为三，封秦降将章邯等为王，让他们封锁汉中，牵制汉军的行动。

刘邦对此非常不满意，但是也没办法，只好带了三万人马，取道杜南，经栈道入汉中。为了防备章邯等派兵袭击，同时麻痹项羽.，让他认为汉军没有东还的打算，进入汉中后，刘邦就下令放火焚毁了栈道。

项羽的分封，引起了一些握有重兵的将领的不满。公元前208年，也就是项羽分封不到半年，田荣首先在齐地举兵反抗项羽，很快便占领了三齐，控制了梁、赵。项羽亲自领兵前去征讨，给伺机进入关中的汉军提供了良好的机会。

这时，刘邦已接受丞相萧何的意见，拜韩信为大将。刘邦采用韩信的计策，公开派人去修复栈道。消息传到项羽军中，项羽不知是计，认为修复栈道的工程浩大，一年半载不能完成，等到平定三齐再去阻击汉军也不迟。于是，就放松了警戒。谁知刘邦趁机发动突然袭击，从西边的故道绕行北上，暗度陈仓，从汉中迅速进入关中。雍王章邯急忙率兵前往陈仓堵截，被占据有利地形的汉军打败。刘邦一举平定三秦，夺取函谷关及其以西地区。接着刘邦挥师东下，出武关，迫使塞王司马欣、翟王董翳、河南王申阳、西魏王魏豹投降，并俘虏了殷王司马卯，击败了韩王韩成。从此汉军声威大振。

后来，刘邦公开宣布同项羽决战，揭开了将近四年之久的楚汉战争的序幕。

【出处】《史记》

【注解】度：越过。陈仓：古县名，在今陕西省宝鸡市东，为关中、汉中交通要道。

【释义】原指正面迷惑敌人而从侧面袭击的战略。后比喻暗中进行活动。

【例句】韩信这条明修栈道，暗度陈仓的计策用得真妙！

暗箭伤人

春秋时期，郑庄公计划讨伐许国。战前，郑庄公检阅部队时在前面立了一辆大兵车，宣布说，先得到兵车者将被封为全军统帅。老将军颍考叔一听此言，大踏步地从人群中走出来，疾步如飞地冲上前去，拉起兵车就跑，将青年将军公孙子都抛在了后面。公孙子都由此对老将军怀恨在心，总想伺机报复。很快，攻城大战开始了。老将军颍考叔身披战甲，手

执大旗，白须飘飘，威风凛凛地攻上城头，奋勇当先，杀向许国都城。眼看颍考叔大功将立，公孙子都站在一旁充满嫉恨，拿出箭来，偷偷对准颍考叔，猛地射出一箭，“啊!”颍考叔惨叫一声，摔下城来，鲜血顿时染红了老将军的战甲，英勇的老将军就这样被公孙子都暗中杀害了。

【出处】《迩言》

【释义】 比喻用阴险的手段，乘人不备，加害于人。

【例句】 造谣中伤，暗箭伤人，这些都是反动势力惯用的伎俩。

八面威风

元朝末年，封建朝廷愈加腐败，各地农民纷纷举起义旗，反抗元朝的统治。这时朱元璋已经领兵攻下安徽和阳，准备继续南下。

在过年那天，他与大将徐达同乘一条小船，从长江北岸渡过长江。

船主是一对老夫妻。船夫知道船上坐着的是大名鼎鼎的朱元璋，便高声喊着号子向他庆贺说：“圣天子六龙护驾，大将军八面威风。”朱元璋明白这是祝贺帝王的话，心里非常高兴，便和徐达轻轻地踢着脚，互相表达庆贺之意。后来朱元璋统一全国，建立了明朝，他成为历史上闻名的皇帝明太祖。明太祖找到当年的船夫，给了他封赏，又将他那只小船涂上朱红颜色，表示有功。

【出处】《三战吕布》

【释义】形容声势显赫、威望极盛的样子。

【例句】巾帼英雄穆桂英立马横刀，八面威风。

拔苗助长

宋国有一个农夫，因为禾苗长得慢，他就在田边走来走去，十分焦急，不停地自言自语地说："有什么办法帮它们快点长高呢?"

一天，他终于想出了一个自认为"绝妙"的办法，急忙跑到田里，把禾苗一棵一棵往上拔。他从太阳没露头，一直拔到太阳落山，累得他气喘吁吁。

回到家里，他一头栽在炕上，像立了大功似的对家人说："今天可把我累坏了！力气总算没白费，禾苗都长高了一大截。"家人听了不知究竟是怎么一回事。

第二天，儿子跑到田地里一看，禾苗都枯死了。

【出处】《孟子》

【释义】将禾苗拔起，帮助它生长。现比喻违反事物发展的客观规律，主观强求速成，急功冒进，结果适得其反。

【例句】那种不顾学生能否接受的"填鸭式"教学方法，无异于拔苗助长。

八仙过海

传说有八位神仙参加完王母娘娘的蟠桃盛会，喝得醉醺醺的，准备回到蓬莱仙岛。

他们八人来到东海边，被浩浩海水挡住了去路。其中一位神仙说道："咱们自从成仙以来，谁也没见识过谁的法宝和法力。今天咱们就各用法宝过海，怎样？"其他几位神仙一致赞成。

铁拐李把自己的药葫芦往海中一抛，变成了一个大如渡船的大葫芦，他跳上葫芦稳稳当当地过海了。汉钟离则把手中的大蒲扇往海中一扬，一面巨大的扇子便铺在了水面上。吕洞宾则把自己的宝剑变成了可站立一人的巨剑。张果老的小毛驴在水中扑腾扑腾，像在陆地上奔跑一样。韩湘子的玉笛也变幻成了渡海船具。何仙姑手中的荷花在水中变成一艘巨大的莲花船。蓝采和的花篮到了水中，滴水不漏，轻飘飘地浮在海上。曹国舅七块玉板不但渡海无忧，更是五光十色、漂亮无比。

八位神仙各显神通，轻松地渡过了东海。

【出处】 民间故事，《西游记》有引用。

【释义】 原指八位神仙各自施展奇能渡海。现形容各人有各自的办法或高明的本领，常与"各显神通"连用。

【例句】 联欢晚会上，大家都使出了看家本领，唱歌、跳舞、说相声，真是八仙过海，各显神通。

百步穿杨

秦国的名将白起，领兵前去攻打魏国。有个名叫苏厉的谋士获悉后，赶紧去见周朝的国君，提醒他说："如果魏国被秦军占领，您的处境就危险了。"

原来，这时周朝的国君名义上是天子，实际上对各诸侯国已经没有管辖权。魏国如被秦国攻灭，秦国的势力将更强大，对周天子的威胁也更大。周天子问苏厉怎么办，苏厉建议周天子赶快派人去劝说白起停止进攻，并给白起讲一个故事。

苏厉介绍了一个应该向白起讲的故事：

楚国有个著名的射箭手，名叫养由基。此人年轻时就勇力过人，练成了一手好箭法。当时还有一个名叫潘虎的勇士，也擅长射箭。一天，两人在场地上比试射箭，许多人都围着观看。

靶子设在五十步外，那里撑起一块板，板上有一个红心。潘虎拉开强弓，一连三箭都正中红心，博得围观的人一片喝彩声。潘虎也洋洋得意地向养由基拱拱手，表示请他指教。

养由基环视一下四周，说："射五十步外的红心，目标太近、太大了，还是射百步外的柳叶吧！"

说罢，他指着百步外的一棵杨柳树，叫人在树上选一片叶子，涂上红色作为靶子。接着，他拉弓射箭，结果箭正好穿过了那片柳叶的中心。

在场的人都惊呆了。潘虎自知没有这样高超的本领，但又不相信养由基箭箭都能射穿柳叶，便走到那棵杨柳树下，选择了三片杨柳叶，在上面用颜色编上号，请养由基按编号次序再射。

养由基到近前，看清了编号，然后退到百步之外，拉开弓，连续三箭，分别射中三片编上号的杨柳叶。这一来，喝彩声雷动，潘虎也心服口服。

就在一片喝彩声中，有个人在养由基身旁冷冷地说："嗯，有了百步穿杨的本领，才可以教他射箭了！"养由基听此人口气这么大，不禁生气地转过身去问道："你准备怎样教我射箭？"

那人平静地说："我并不是来教你怎样弯弓射箭的，而是来提醒你该怎样保持射箭名声的。你是否想过，一旦你力气用尽，只要一箭不中，你那百发百中的名声就会受到影响。一个真正善于射箭的人，应当注意保持名声！"养由基听了这番话，觉得很有道理，再三向他道谢。

周天子派去的人，就按照苏厉介绍的向白起讲了上面这个故事。白起听后，想到要保持自己百战百胜的名气，不能轻易出战，便借口有病，停止了向魏国的进攻。

【出处】《战国策》

【释义】比喻射箭、射击技艺高超，并引申为本领高强。它与成语"百发百中"意思相近。

【例句】连长打靶十发全中，不愧"百步穿杨神枪手"的称号。

百闻不如一见

西汉时期，西北羌族结成联盟，起兵攻汉。消息传到长安，宣帝召集群臣商议，询问谁愿意率兵前去边关退敌。

话音刚落，一位六七十岁的老将挺身而出，自告奋勇请求前去。这位白须飘飘的老将，就是曾经与羌人打过几十年交道的赵充国。

宣帝十分高兴，问他要带多少人马。赵充国说："百闻不如一见，由于两地相距太远，一时难以计算，所以，我想亲自到那里看看，定下攻守方案，画好地图，再上奏。"

于是，赵充国带领一支侦察部队渡过汹涌澎湃的黄河，刺探敌情去了。路上，碰到了小股敌军，汉军奋勇冲杀，俘虏了不少羌兵。将士们准备乘胜追击，赵充国阻拦说："我军长途跋涉，主要目的是探明敌人的情况，如果逞一时之勇，紧迫不舍，孤军深入敌人腹地，难免要吃大亏。"将士们听了，都很佩服老将军的远见。

赵充国侦察了地形，掌握了敌军的兵力部署，又从俘虏口中了解到许多敌人内部的情况，这才确定出驻兵屯守、整治边关、分化瓦解、各个击破的策略，上奏宣帝。不久，朝廷就派兵打败了来犯的羌人，恢复了西北边疆的安定。赵充国不信道听途说，亲临实地调查的作风，被后人视为行动的准则。

【出处】《汉书》

【注解】闻：听见。

【释义】 听一百次，还不如亲眼一见。指亲见比多闻更可靠。

【例句】 少林功夫如此精湛，真是百闻不如一见！

百折不挠

东汉灵帝时，尚书令桥玄（今作“乔玄”）为官清廉，敢于同恶势力作斗争，受到人们的尊崇和称赞。桥玄死后，东汉著名的文学家、中郎将蔡邕特地写文章纪念他，称颂他具有百折不挠的精神。

有一次，三个强盗绑架了桥玄十岁的小儿子，把他作为人质，向桥玄勒索银子。强盗威胁桥玄说，如果不答应，就要杀死孩子。桥玄当即愤怒地斥责强盗，理直气壮地说道：“我是朝廷命官，我的责任就是捉拿你们归案，你们拿孩子来威胁我，只能是痴心妄想！”

这时，官府派来缉捕强盗的士兵已经团团围住了桥玄府，但大家不敢贸然行动，害怕逼急了强盗会伤害人质。桥玄见大家犹豫不前，就在院内向外大声疾呼道：“你们快来捉拿强盗，不可因小孩放走贼人！”于是，士兵蜂拥而入，强盗终于被擒，但桥玄的小儿子却惨遭强盗毒手。

为了今后不再发生类似案件，桥玄强忍着失去爱子的悲痛，上书皇帝，建议制定一条新的法令，规定凡是被贼人绑架走的人，一律不准用钱赎回，官府抓到这样的强盗也统统斩首示众。这条法令颁布后，绑架人质的事件才逐渐绝迹了。

桥玄年轻时，在县里做功曹，虽然是个芝麻大的小官，可是他尽职尽责，做事一点也不马虎。那时，县里有个叫羊昌的人，是当朝大将军梁冀的好朋友。羊昌犯了罪，别人也奈何不了他，桥玄却不畏权势，大胆向上司检举羊昌的罪行。他当汉阳太守时，发现自己的下属皇甫祯贪赃枉法。在查实之后，立即将他捉来处死，使汉阳郡官民为之震动。

后来，桥玄担任了尚书令，他又直接向皇帝告发大夫盖升搜刮民脂民膏、横行乡里、鱼肉百姓的罪行，建议皇帝从严惩处。可是皇帝与盖升关系密切，不但没有降罪于他，反而升了他的官。桥玄很气愤，便以身体不好为借口，辞官回到乡下去了。

【出处】《蔡中郎集》

【注解】折：挫折。挠：弯曲。

【释义】形容意志坚强，不管经受多少挫折，决不屈服退缩。

【例句】保尔正是以百折不挠的精神，成就了他美丽的人生。

班门弄斧

鲁班被人们尊称为木匠的祖师爷。

“班门弄斧”这则成语，最早出现于柳宗元的“操斧于班、郢之门，斯强颜耳”。意思是说在鲁班门前操弄斧子，是在行家面前卖弄自己的本领，恬不知耻。

而“班门弄斧”得以流传，还得益于明代诗人梅之焕游采石矶的经历。采石矶之所以闻名天下，是来自于民间传说。传说唐代诗人李白晚年游览采石矶时，探身去捉水中明月，不幸坠江而亡，因此采石矶闻名天下。这里有李白墓、谪仙楼、捉月亭等游览区，文人墨客无不争相来此地游览，并留下诗文。

话说，梅之焕来到李白墓，凭吊这位伟大的诗人。但是他看到李白墓上凡是能够写字的地方，都被那些舞文弄墨、附庸风雅之人刻上了拙劣的诗句。梅之焕觉得这些拙劣诗句是对李白的玷污。

他越想心中越不是滋味，思绪万千，感慨之余，挥笔题诗一首，以此来讽刺那些自以为是的游人。

“采石江边一堆土，李白之名高千古。

来来往往一首诗，鲁班门前弄大斧。”

后人将它缩写为四个字——班门弄斧。

【出处】《王氏伯仲唱和诗序》

【释义】原指在鲁班门前舞弄斧头。现比喻在行家面前卖弄本领，含有讽刺意味。

【例句】小明是电脑高手，我不敢在他面前班门弄斧。

半途而废

东汉时期，河南郡有一位贤惠的女子，人们都不知道她叫什么，只知道是乐羊子的妻子。

一天，乐羊子在路上拾到一块金子，回家后把它交给妻子。妻子说："我听说有志向的人不喝盗泉的水，因为它的名字令人厌恶；也不吃别人施舍而呼唤过来吃的食物，宁可饿死。更何况拾取别人丢失的东西。这样会玷污品行。"乐羊子听了妻子的话，非常惭愧，就把那块金子扔到野外，然后到远方去寻师求学。

一年后，乐羊子归来，妻子跪着问他为何回家，乐羊子说："出门时间长了想家，没有其他缘故。"妻子听罢，操起一把刀，走到织布机前说："这机上织的绢帛产自蚕茧，成于织机。一根丝一根丝地积累起来才有一寸长；一寸一寸积累下去，才有一丈乃至一匹。今天如果我将它割断，就会前功尽弃，从前的时间也就白白浪费掉。读书也是这样，你积累学问，应该每天获得新的知识，从而使自己的品行日益完美。如果半途而归，和割断织丝有什么两样呢？"乐羊子被妻子说的话深深感动，于是又去完成学业，一连七年没有回过家。

【出处】《礼记·中庸》

【释义】比喻做事中途停止，不能坚持到底。

【例句】我们做事要坚持不懈，不能半途而废。

杯弓蛇影

东汉时期，有个叫应郴的人，曾经在汲县（今河南汲县）当县令。一次应郴请县里的主簿杜宣到家里做客。他在客厅摆了一桌丰盛的宴席，请杜宣饮酒。当时，客厅的北墙上挂着一张红色的弓，弓的影子映在酒杯里，形状好像一条游动的蛇。杜宣看见了，感到十分厌恶，但又不敢不喝。他勉强喝下去后，回到家就得了胸腹疼痛的病，吃不下饭，睡不好觉，因而身体渐渐消瘦。家人很着急，请了许多名医，采用各种方法治疗，也不见好转。

后来，应郴知道杜宣病了，就去看望他。应郴问起他患病的原因，杜宣才吞吞吐吐地说："酒杯里的蛇进了我的肚里。"

应郴回到自己家里，站在客厅里苦苦思索，心想：酒杯里怎么会有蛇呢？猛然回头看见挂在墙上的弓，才恍然大悟，一定是这东西引起的。

于是，应郴就派县里的差役，用车把杜宣请来，还在上次请他饮酒的地方准备好了酒，酒杯中果然又出现了蛇。应郴告诉杜宣说："这是挂在墙上的弓的影子。"

杜宣知道酒杯中原来是弓影，就没有心理负担了，后来病也渐渐地痊愈了。

【出处】《风俗通》

【释义】将映在酒杯中的弓影误认为是蛇。比喻疑神疑鬼，妄自惊扰。

【例句】她敏感得很，常杯弓蛇影，疑东疑西。

背水一战

韩信，淮阴（今江苏淮安）人。他是汉王刘邦手下的大将。为了打败项羽，夺取天下，他为刘邦定计，先攻取了关中，然后东渡黄河，打败并俘虏了背叛刘邦、听命于项羽的魏王豹，接着往东攻打赵王歇。

韩信的部队要通过一道极狭窄的山口，叫井陉口。赵王手下的谋士李左车（jū）主张一面堵住井陉口，一面派兵抄小路切断汉军的辎重粮草，韩信的远征部队没有后援，就一定会败走；但大将陈馀不听，仗着兵力优势，坚持要与汉军正面作战。

韩信了解到这一情况，非常高兴。他命令部队在离井陉三十里的地方安营，到了半夜，让将士们吃些干粮，告诉他们打了胜仗再吃饱饭。随后，他派出两千轻骑从小路隐蔽前进，要他们在赵军离开营地后，迅速冲进赵军营地，换上汉军旗号；又派一万军队故意背靠河水排列阵势来引诱赵军。

到了天明，韩信率军发动进攻，双方展开激战。不一会儿，汉军假装败回水边阵地，赵军全部离开营地，前来追击。这时，韩信命令主力部队出击，背水列阵的士兵因为没有退路，也回身猛扑敌军。赵军无法取胜，正要回营，突然看见营中已插遍了汉军旗帜，于是四散奔逃。汉军乘胜追击，打了一个大胜仗。

在庆祝胜利的时候，将领们问韩信："兵法上说，列阵可以背靠山，前面可以临水泽，现在您让我们背靠水排阵，还说打败赵军再饱饱地吃一顿，我们当时不相信，然而竟然取胜了，这是一种什么策略呢？”

韩信笑着说：“这也是兵法上有的，只是你们没有注意到罢了。兵法上不是说‘陷之死地而后生，置之亡地而后存’吗？如果是有退路的地方，士兵都逃散了，怎么能让他们拼命呢！”

这个故事演化出成语“背水一战”，多用于军事行动，也可用于比喻有“决战”性质的行动。

【出处】《史记》

【释义】背靠江河作战，没有退路。比喻决一死战。

【例句】我军下定了背水一战的决心，终于杀出了敌人的重重包围。

毕恭毕敬

周幽王姬宫湦是西周最后一个国君。他昏庸暴虐、荒淫无道。

公元前779年，褒国进献了一个姓姒的美女，叫褒姒。周幽王十分宠爱她。褒姒一向不爱笑，周幽王用音乐歌舞、美味佳肴都不能让她笑。有人献计点燃报警的烽火台，召来各路诸侯兵马，使他们上当，让褒姒笑一笑，幽王欣然同意。他带褒姒到行宫游玩，晚上传令点燃烽火，各地诸侯见到烽烟，以为有盗寇侵扰京城，纷纷率领兵马赶来相救。到了一看，只见幽王在喝酒取乐。幽王派人对他们说：“没有什么盗寇，让你们辛苦了！”

诸侯受骗，匆匆地来，匆匆地去。褒姒看了不由大笑，幽王也很开心。

褒姒生了个儿子叫伯服，幽王废掉申后，立褒姒为后；废掉申后生的太子宜臼，立伯服为太子。宜臼遭到废黜，住在外祖父申侯家里。他对自己的命运和国家的前途，满怀忧愁，心中十分痛苦，写了一首诗，抒发自己的心情。诗的第三节说："维桑与梓，必恭敬止，靡瞻匪父，靡依匪母。"意思是："看见屋边的桑树和梓树，一定要毕恭毕敬。我尊敬的是自己的父亲，我依恋的是自己的母亲。谁不是父母的骨肉，谁不是父母所生？上天生了我，可我的好日子到何处找寻？"

由于幽王无道，诸侯纷纷叛离。公元前771年，宜臼的外祖父申侯联合犬戎的军队进攻镐京。幽王下令点燃烽烟，但是诸侯受过骗，都不派救兵。犬戎的军队攻下镐京，杀了幽王，掳走了褒姒。

"必恭敬止"后来演化成"必恭必敬"，现多写作"毕恭毕敬"。

【出处】《诗经》

【释义】形容态度极为恭敬。

【例句】他毕恭毕敬地将书递给了老师，请求老师解答两个疑难问题。

宾至如归

子产，即公孙侨，是春秋时期郑国的大夫，曾当过多年国相，执掌郑国政权。

公元前542年，子产奉郑简公之命出访晋国，带去许多礼物。当时，正遇上鲁襄公逝世，晋平公借口为鲁国国丧致哀，没有迎接郑国使者。子产就命令随行的人员，把晋国馆舍的围墙拆掉，然后赶进车马，安放物品。

晋平公得知这一消息，吃了一惊，派大夫士文伯到馆舍责问子产。士文伯说："我国是诸侯的盟主，来朝贡的诸侯官员很多。为了防止盗贼，保障来宾安全，特意修建了这所馆舍，筑起厚厚的围墙。现在你们把围墙拆了，其他诸侯来宾的安全怎么办呢？我国国君想知道你们拆围墙的意图是什么。"

子产回答说："我们郑国是小国，需要向大国进献贡品。这一次我们带了从本国搜罗来的财产前来朝会，偏偏遇上你们的国君没有空，既见不到，也不知道进见日期。我听说过去晋文公做盟主的时候，自己住的宫室是低小的，接待诸侯的馆舍却建得又高又大。宾客到达的时候，样样事情有人照应，能很快献上礼品。他和宾客休戚与共，你不懂的，他给予教导；你有困难，他给予帮助。宾客来到这里就像回到自己家里一样。可是，现在晋国铜鞮（dī）山的宫室有好几里地面，而让诸侯宾客住的却是奴隶的屋子。门口进不去车了，接见又没有确切的日期。我们不能翻墙进去，如果不拆掉围墙，让这些礼物日晒夜露，就是我们的罪过了。如果让我们交了礼物，我们愿意修好围墙再回去。"

士文伯把情况报告了晋平公，平公感到惭愧，马上接见子产，隆重宴请，给了丰厚的回赠，并下令重新建造馆舍。

【出处】《左传》

【释义】客人到达这里就像回到自己家里一样。多用于形容主人待客热情、周到。

【例句】当地人特有的热情，让我们这些游客有了宾至如归的感觉。

标新立异

支道林，名遁，是东晋时期的佛教学者，本姓关，陈留（今河南开封南）人。他常与谢安、王羲之等名士交往，喜欢读玄理，对《庄子》也很有研究。

《庄子》是战国时期庄周所著的一部哲学著作。晋代的向秀曾为《庄子》作注，没有完成就死了，郭象继续他的工作，完成了注释，后来人们都引用郭象和向秀所作的注。

《逍遥游》是《庄子》中的第一篇，也是一个难点。当时许多著名的学者深入钻研体味这篇文章的道理，都没有能够超出郭象、向秀的见解。

有一次，支道林在洛阳白马寺同太常护国将军冯怀一起聊天，谈到《逍遥游》，支道林说出了一种新的道理，大大高于郭象、向秀的解释，树立了一种新的见解，超出当时许多著名学者的认识。支道林所作的分析见解，都是那些著名学者苦苦搜求思索没有能够解决的。后来人们就吸收了支道林的意见来解释《逍遥游》。

这则故事中的“标新”和“立异”，组成了成语“标新立异”。

【出处】《世说新语》

【释义】独创新意，立论与众不同。后来多指提出新奇的主张，创造新奇的式样；有时带贬义，指另搞一套。

【例句】他总是能标新立异，独出心裁。

捕风捉影

汉成帝20岁做皇帝，到了中年后还没有儿女，这在中国封建社会算得上是一件大事。汉成帝自己也十分焦虑，食不安，寝不眠。有人便大讲迷信，劝汉成帝求神拜祖。汉成帝开始慢慢地热衷于搞祭祖活动，疏于朝政。而那些献策者和神婆巫汉就轻而易举地获得了高官厚禄。

长安郊外的上林苑，成了汉成帝大搞祭祖活动的地方。每次祭祖活动都搞得隆重而铺张，浪费了许多钱财不说，根本就没起作用。汉成帝身陷其中，不能自拔。

朝中有一位叫谷永的光禄大夫，字子云，长安（今陕西西安）人。看到这种情况后，他十分担心。他再三思考，冒着杀头的危险，勇敢地上书汉成帝，直言陈述自己的观点，奉劝汉成帝早点清醒过来。在奏章中，他这样写道：

“对于明了大地本性的人，神怪根本迷惑不了他；对于知晓万物道理的人，行为不正的人根本逃不过他的眼睛。现在有些人大肆宣扬祭祖的方法，大谈神仙鬼怪，仿佛世界上真有仙人，真的有长生不死之人，真的可以满足所有人的愿望。可是，如果真的要去寻找它的时候，你就会发现那些都是虚无缥缈的，好像要缚住风、捉住影子一样，根本不可能得到。所以，古代贤明的君主都不听这些话，而圣人也绝对不说这种话。

“周代史官想用祭祀鬼神的办法帮助周灵王得到各路诸侯的朝圣，其结果是周王室衰落得更快、更惨；楚怀王祭祀鬼神，不可谓不隆重、不虔诚，求神灵保佑他打败秦国的军队，结果不但自己做了秦国的俘虏，而且连楚国的土地也全部被秦国吞掉；秦始皇统一天下后，为寻求长生不老之药，特派徐福率童男童女下海求仙采药，结果也是一去不复返，而秦始皇得到了天下人怨恨的结果。

“从古到今，所有依靠求仙访道来实现和满足自己愿望的帝王将相，根本就没有一个实现的。希望大王您不要再让那些行为不正的人干预朝廷的事了。”

汉成帝看完这则奏章，掩卷沉思了良久。他为朝廷有这样的忠臣而感到欣慰，同时，也认为谷永说得很有道理，便听从了谷永的建议。

【出处】《汉书》

【释义】逮住风，抓住影子。指不可能做到的事。现比喻说话做事没有确切的事实根据。

【例句】对于捕风捉影的流言，我们切不可轻信。

不耻下问

孔子常常教导自己的学生“知之为知之，不知为不知，是知也”，意思是知道就是知道，不知道就是不知道，有了这种学习态度才能得到真正的知识。

对于那些能够做到不以向比自己地位低下的人请教学习为耻的人，孔子特别赞赏他们，认为那是好学的表现。孔子自己也时常这样做。

孔子初次去鲁国国君的祖庙参加祭祀祖先的典礼，因为对于许多礼仪都不明白，所以不停地问身边明白的人：这是什么礼仪？它表示什么意思？下一步该做什么？孔子把他不清楚的每一个礼节都问清楚了。

很多人不仅不为孔子的这种学习态度所感动，反而在背后嘲笑他：“还给别人当先生呢？连这些礼仪都不懂，什么都要问，真是不知羞耻。”孔子听了这些议论后，坦然地说：“聪敏而且好学，不耻下问，对于自己不懂、不明白的事情，一定要问个明白，弄清楚，这才是求知的正确方法。”

孔子除了重视书本知识以外，也注重吸收别人的经验。他主张多听别人的意见，并择善而从。另外，通过直接经验获得知识的同时，孔子也吸取别人以及古代的知识，重视实际材料和证据。

孔子通过各种学习途径，日益成为学识渊博的人，被后人尊称为圣人，成为我国伟大的思想家、政治家、教育家，儒家学派的创始人。

【出处】《论语》

【释义】不以向地位、学问比自己低的人求教为可耻。形容谦虚好学。

【例句】古人云“三人行，必有我师焉”，因此，我们应该不耻下问。

不学无术

霍光是西汉名将霍去病同父异母的弟弟。有一次霍去病打败匈奴后，回家探亲，在回长安时把霍光也带到京城，霍光被汉武帝封为郎中。此后，由于霍光为人乖巧，很少得罪人，处事又谨小慎微，在跟随汉武帝的18年中，从未出过一次差错，因而深受汉武帝的赏识。武帝临终前封他为司马大将军。

汉武帝去世后，霍光辅佐8岁的刘弗陵当了皇帝，也就是昭帝。皇帝年幼无知，因而朝中大权自然掌握在霍光手中。但是，霍光此时并没有因此而不可一世，而是尽心尽力地为国家着想，推行各种有利于发展生产的改革措施；从百姓的利益出发，推行减轻民众负担的政策。

昭帝去世后，霍光又拥立昌邑王刘贺为帝。没想到刘贺当了皇帝以后，整日沉溺于酒色之中，根本不理朝政，时常胡作非为，弄得朝野上下惶惶不安。更为荒唐的是，刘贺为了选美女，颁下圣旨，要求各州府火速选送。有些地方官员为了讨好皇上，不顾年轻女子的性命，日夜兼程地火速押往京城，使很多人死于非命。霍光为了使刘氏王朝的江山不断送在刘贺手中，不得已率兵废掉了昌邑王，又立刘询为皇帝，即宣帝。

可以这样说，霍光为汉朝的社稷立下了汗马功劳。然而，霍光晚年，特别是在辅佐宣帝期间，不学无术，不明大义，缺乏深谋远虑，以几朝元老自居，独揽大权。大臣们有公事要奏明皇上，也必须要首先请示霍光。否则，奏章根本不可能送到皇上手中。每次上朝，皇帝对霍光都毕恭毕敬，礼让三分。因此，朝中上下，许多人都看不惯他，对他渐生不满与怨恨情绪。

在刘询继位不久后，霍光的妻子想把小女儿嫁给皇上做皇后，因刘询已经立了许氏为皇后而没有达到目的，所以怀恨在心，把怨恨的矛头指向皇后。她私下里花重金买通了给皇后看病的女医，给皇后投毒，使即将临产的皇后死于非命。皇帝大怒，下令查清真相，严惩凶手。霍光根本不把皇帝的圣旨放在眼里，利用手中的职权，为女医说情，让她免于受审之苦和牢狱之灾，帮助妻子隐瞒事实真相，想尽办法，为妻子开脱。

霍光死后，霍家就被满门抄斩，株连九族。

【出处】《汉书》

【释义】原意是指霍光年老后不思进取，不明关乎大事的道理。现用来形容没有学问，没有本领。

【例句】我们要认真过好每一天，不要做不学无术的人。

不自量力

公元前712年息国向郑国宣战。

有见识的人士以最快的速度做出了详尽分析，并得出结论，息国必败无疑。其道理如下：

两个诸侯国虽然都是小国家，但众所周知，息国的人力、物力和军事实力都要比郑国差得多，而且息国在其他方面也不占优势。并且它犯了五条错误，具体而言：第一，息国不能正确评价自己的德行究竟怎样。第二，息国不能正确估计自己的力量，对自己能否取胜没有充分的把握。第三，息国不能摆正自己与周边国家的关系，不能同各国采取合作的态度。因此，息国有困难时，周边国家不会出手援助。第四，息国根本不向郑国阐明自己进攻的理由，这样息国首先在道义上就输了。息国采用霸道的方式宣战，也是不合乎常理的。第五，息国根本不能明辨在交战中失败的罪过和责任应该由谁来承担。

在这种错误的原则指导下征伐郑国，只有一个结局，那就是失败。事实证明也确实如此。

【出处】《左传》

【释义】不能正确地估量自己的力量。后来引申为泛指过高地估计自己的力量。这则成语也写做“自不量力”。

【例句】愚公想要移山，在外人看来是不自量力的行为。

沧海桑田

晋朝葛洪编写的《神仙传·麻姑》中有这样一个故事：从前，天上有两位仙人，一位叫王远，另一位叫麻姑。一天，他们约好到一个叫蔡径的人家里去饮酒。

席间，麻姑对王远说："我得道成仙、受了天命以来，已经三次看到东海变成桑田。刚才在蓬莱巡视的时候，我发现海水比前一时期少了一半。难道东海又要变成陆地了吗？"王远说："是啊。圣人们都说，东海的水正在下降。过不了多久，那里又会尘土飞扬了。"

麻姑的这一番话原本是告诉席间的人们，她的年纪很大了，看见东海变成了桑田。后来人们就用"沧海桑田"来形容世事变迁了。

【出处】《神仙传》

【释义】原意是大海变成陆地，陆地变成大海。后来比喻世事变化极大。

【例句】中华大地见证了五千年的沧海桑田，更孕育了伟大的中华文明。

草船借箭

三国时期，实力最强的曹操率大军攻打东吴，东吴君主孙权被迫与刘备联合起来，共同抗曹。刘备的军师诸葛亮被派往东吴，共商大计。周瑜非常嫉妒诸葛亮的才华和名声，想借这次机会置他于死地。周瑜借口水上交战需要用箭，命令诸葛亮在十天之内造出十万支箭，否则要受处罚。不料诸葛亮说他只需要三天即可，并当场立下军令状，完不成任务甘愿受罚。周瑜暗自高兴诸葛亮自投罗网，同时又不免感到疑惑，不知道诸葛亮葫芦里卖的什么药。他一面吩咐工匠们不要把造箭的材料准备好，一面派大臣鲁肃前去探听诸葛亮的消息。

鲁肃和诸葛亮颇有交情，他看出了周瑜的险恶用心，不禁暗暗为诸葛亮捏了一把汗。鲁肃怪诸葛亮不该上了周瑜的当，把自己推上了绝路。不料诸葛亮胸有成竹地说："无妨。"他请鲁肃借给他二十只船和一千多个草把子，每只船上三十个士兵，船要用青色的布幔遮盖住，草把子排在船的两边。最后，诸葛亮一再叮嘱鲁肃，借船的事千万不要让周瑜知道。鲁肃觉得十分疑惑，但仍按诸葛亮的吩咐把东西都准备好了。两天过去了，不见什么动静。第三天的四更时分，诸葛亮派人把鲁肃请到船上，说要去取箭。江上大雾弥漫，对面都看不见人。诸葛亮命人用绳索把船连起来，朝对岸的曹军水寨开去。船在靠近曹军水寨的地方一字摆开，诸葛亮又令士兵们擂鼓呐喊。鲁肃十分惊慌，诸葛亮却毫不在意，只劝他放心饮酒。曹操以为是东吴的军队来进攻，因为雾大怕中埋伏，他命令六千名弓箭手朝江中放箭。箭如雨点般射到船上的草把子上。一会儿工夫，一边的草把子上插满了，诸葛亮又下令把船调过头来，让另一边受箭。

船两边的草把子上密密麻麻地插满了箭，每只船上至少有五六千支，总数超过了十万支。这时，太阳出来了，雾也要散了，诸葛亮下令赶快往回开船。

诸葛亮按时完成了任务，周瑜又惊又气。鲁肃向周瑜讲述了借箭的经过，周瑜不由得感叹道："诸葛亮神机妙算，我不如他。"

【出处】《三国演义》

【释义】 运用智谋，凭借他人的人力或财力达到自己的目的。

【例句】 小明运用草船借箭的方法打败了小红。

草木皆兵

公元383年，前秦皇帝苻坚亲自率领九十万大军攻打东晋。东晋朝廷派谢石为大将，谢玄为先锋，率八万精兵全力迎战。秦军前锋很快抵达淝水岸边的寿阳（今安徽寿县），攻下了城池。苻坚随后带八千骑兵赶到。秦军将领苻融认为，晋军根本不堪一击，于是派一个叫朱序的人去劝降。

朱序以前是东晋的官员，他向谢石详细地报告了秦军的兵力布置情况，并分析了当前的形势，建议谢石趁秦军后续部队未到，派兵袭击洛涧（今安徽淮南东面的洛河镇）。谢石采纳了朱序的建议，出兵偷袭秦营，结果大获全胜。晋兵乘胜向寿阳进军，驻扎在寿阳城对岸的八公山下。

苻坚听说晋军攻占了洛涧后又向寿阳而来，大惊失色，立即登上寿阳城头，亲自观看淝水对岸晋军的动静。当时正值隆冬时节，又恰好是个阴天，远远望去，河上桅杆林立，战船密布，晋兵持刀执戟，阵容非常严整。

八公山连绵起伏，地势非常险要。山上的草木随风而动，好像有无数士兵正在操练。苻坚顿时吓得面如土色，惊恐地对一旁的苻融说："晋军哪里是一支弱兵？那分明是一支强兵啊！"

不久后，谢玄要求苻坚把军队稍向后退，以便晋军渡过淝水决战。苻坚果然中计，结果秦军在后退时遭到晋军突然袭击，伤亡惨重，大败而归。

这就是历史上著名的以少胜多，以弱胜强的淝水之战。

【出处】《晋书》

【释义】 指把草和树木都当成了敌兵。形容极度恐慌状态下的多疑心理。

【例句】 这一天大家都是惊疑不定，草木皆兵，等到了晚上，敌方仍然毫无动静。

车水马龙

汉朝名将马援的小女儿马氏，由于父母早亡，年纪很小时就操办家中的事情，把家务料理得井然有序，亲朋们都称赞她是个能干的人。

十三岁那年，马氏被选入宫。她先是侍候汉光武帝的皇后，很受宠爱。光武帝去世后，太子刘庄即位，就是汉明帝，马氏被封为贵人。由于她一直没有生育，便收养了贾贵人（马氏的外甥女）所生的一个皇子，取名为刘炟。公元 60 年，由于皇太后对她非常宠爱，她被封为明帝的皇后。

马氏当了皇后，生活还是非常俭朴。她常穿粗布衣服，裙子也不镶边。一些嫔妃朝见她时，还以为她穿了特别好的料子制成的衣服。走到近前，才知道是极普通的衣料，从此对她更尊敬了。

马皇后知书识礼，时常认真地阅读《春秋》《楚辞》等著作。有一次，明帝故意把大臣的奏章给她看，并问她应如何处理，她看后当场提出中肯的意见。但她并不因此而干预朝政，此后再也不主动去谈论朝廷的事。

明帝死后，刘炟即位，就是汉章帝。马皇后被尊为皇太后。不久，章帝根据一些大臣的建议，打算对皇太后的弟兄封爵。马太后遵照已去世的光武帝有关后宫家族不得封侯的规定，明确地反对这样做，因此这件事没有办。

第二年夏天，发生了大旱灾。一些大臣又上奏说，今年之所以大旱，是因为去年不封外戚的缘故。他们再次要求分封马氏舅父。马太后还是不同意，并且为此专门发了诏书，诏书上说："凡是提出要对外戚封爵的人，都是想献媚于我，都是要从中取得好处。天大旱跟封爵有什么关系？要记住前朝的教训，宠贵外戚会招来倾覆的大祸。先帝不让外戚担任重要的职务，防备的就是这个。如今，怎能再让马氏走这条路呢？"诏书上还说："马家的舅父，各个都很富贵。我身为太后，还是食不求甘，穿着简朴。左右宫妃也尽量俭朴。我这样做的目的，是为他们树立榜样，让外戚见了好反省自己。可是，他们不反躬自责，反而笑话我太俭省。前几天我路过娘家住地濯龙园的门前，见从外面去舅舅家拜候、请安的，车子像流水那样不停地驶去，马匹像游龙一样往来不绝，招摇得很。他们家的佣人，穿得整整齐齐，衣服绿色，领和袖雪白；看看我们的车，比他们差远了。我当时竭力控制自己，没有责备他们。他们只知道自己享乐，根本不为国家忧愁，我怎么能同意给他们加官晋爵呢？”

【出处】《后汉书》

【释义】 形容车马或车辆往来不断、繁华热闹的场景。

【例句】 大街上车水马龙，十分热闹。

乘人之危

东汉时期，有一位长史官名叫盖勋，为人正直，讲信义。他所在的郡属于凉州，刺史梁鹄既是他的上司，又是他的好朋友。

那时凉州境内有个武威太守，他勾结权贵，横行霸道，常常置国家法纪于不顾，作威作福，危害一方。

老百姓对这个武威太守恨之入骨，当地的官员因慑于武威太守的势力强大，敢怒而不敢言。

凉州的辖区内还有一位官员，名叫苏正和。他性格刚直，为官清廉，但和盖勋关系不好，两人素来有些嫌怨。苏正和对武威太守的所作所为十分不满，他不畏强权势力的威胁，决心将武威太守依法严惩，为老百姓讨个公道。

梁鹄担心武威太守势力太大，苏正和扳不倒他反而会连累自己。所以梁鹄左右为难，想找盖勋商量。

盖勋虽然和苏正和有矛盾，但他很欣赏苏正和敢于打击恶势力的勇气。有人悄悄向盖勋透露了梁鹄的想法，并建议他趁此机会劝梁鹄杀了苏正和，来个公报私仇。

盖勋断然拒绝了他说："为了个人的私怨而杀害一个好官员，这是不忠的行为；趁别人处于危难的时候加害于人，这是不义的行为。"

后来，梁鹄果然来与盖勋商议处置苏正和的事。盖勋对梁鹄说："喂养鹰鸢，就是要让它凶猛，这样它才能为您捕获猎物。如今它真的很凶猛了，您却要杀了它。如果是这样的话，您养了它又有什么用处呢？"

【出处】《后汉书》

【释义】 形容趁别人有危难时去要挟或打击。

【例句】 我们不能做乘人之危的小人。

乘虚而入

自安史之乱以后，唐朝国力衰弱，政局动荡，经常有藩镇造反作乱，割据一方。公元814年，淮西节度使吴少阳死了，他的儿子吴元济拥兵自立，与中央政权分庭抗礼。唐宪宗几次发兵征讨，都没成功。

公元817年，唐宪宗任命智勇双全的大将李愬为唐河（今河南唐河）等三州节度使，统领大军进攻吴元济盘踞的老巢蔡州城（今河南汝南）。

一次，唐兵在巡逻时与淮西兵遭遇，经过激烈战斗，唐军活捉了淮西军将领丁士良。

丁士良是吴元济手下的猛将，曾经杀死过不少唐军将士。大家请求李愬杀了丁士良，为阵亡将士报仇。李愬却吩咐士兵给丁士良松绑，并好言劝降。丁士良见李愬如此宽待自己，就心甘情愿地投降了。

之后，李愬在丁士良的帮助下，利用敌兵骄傲轻敌的弱点，攻下了文城栅和兴桥栅，收服了李祐、李忠义两员大将。李愬对李祐、李忠义非常信任，让他们担任军职，带着武器出入大营，还与他们秘密讨论进攻蔡州的计划。李祐很感动，于是向李愬献计说："吴元济的精兵都驻扎在洄曲（今河南商水西南）和四面边境上，守蔡州的不过是老弱残兵，我们可以乘虚而入，直取蔡州。这样，等到守卫外围的兵马赶来救援时，吴元济早已被我们活捉了。"

李愬采用了李祐的意见。那年冬天，一个大雪纷飞的夜晚，李愬率领九千精兵，分三路向蔡州出发，长途行军一百余里，出其不意地一举攻破了蔡州，活捉了吴元济，平定了叛乱。

【出处】《资治通鉴》

【注解】乘：趁。

【释义】趁着敌方空虚不备之时而进入。

【例句】敌军的主力被引到了河对岸，我军乘虚而入，攻占了敌人的大本营。

踌躇满志

战国时期，有一位很有名的厨师庖丁非常善于宰牛。

一次，庖丁给梁惠王宰牛，不一会儿就把牛宰好了。梁惠王见了，感到十分惊奇，他问庖丁说：“你是如何练就了这么高超的技术呢？”

庖丁回答说：“我刚开始学宰牛时，只看到一整头牛在那里，不知道该从哪里下手才好。后来经过一段时间的训练和摸索，我逐渐了解了牛的身体结构，知道了哪里有筋脉，哪里有肌肉，哪里有骨头，哪里有骨头接缝……这样，当我再宰牛时，我看到的就不再是一整头牛，而是连接在一起的许多骨头。我能准确地找到骨头间的缝隙，然后把刀顺着骨缝插进去，慢慢地旋转刀刃，使骨头的连接断开。因为骨头之间的连接比较好断，所以我宰牛的时候并不太费力气，刀子的磨损也就轻多了。当然，在筋脉和骨头交错的地方就没那么简单了，我必须集中精力，加倍地小心。宰牛是有一些辛苦，不过当我宰完一头牛时，我就会感到非常轻松愉快。我提着刀子，四下里看看，那种感觉真是痛快，心满意足啊！”

梁惠王听了，连连称赞说：“你的话很有道理，我听了很受启发。”

【出处】《庄子》

【释义】 形容心满意足，十分得意的样子。

【例句】 评上校三好学生后，他一副春风得意、踌躇满志的样子。

出类拔萃

孟子名轲，字子舆，邹国（今山东邹城东南）人，是孔子的孙子子思的学生。孟子是战国时期的大思想家、教育家。他继承了孔子的儒家学说。他非常崇拜孔子，在他的心目中，孔子是位超人的天才，是位圣人。

有一天，孟子的学生公孙丑问孟子："老师，你已经是一位圣人了吗？"

孟子说："连孔夫子都不敢称自己为圣人，我又算得了什么呢？"

公孙丑列举了几个以贤德著称的人问孟子，他们是否和孔子一样。孟子回答说："自有人类以来，没有人比得上孔子的。"

公孙丑接着又问："那么，他们和孔子有什么不同呢？"

孟子借用了孔子的学生有若的一句话说："麒麟和走兽，凤凰和飞鸟，泰山和小土堆，河海和小水洼，它们都是同类，但前者又都远远超越了它的同类。圣人和老百姓也是同类，都是人，但圣人是远远地超出那一类的。自有人类以来，没有人比孔子更伟大了。"

后来，人们就把"出于其类，拔乎其萃"精简成"出类拔萃"这则成语，常常用它来形容品质和才能特别优秀的人。

【出处】《孟子》

【释义】 指超出同类之上。

【例句】 在众多孩子中，小明总是那样出类拔萃。

出奇制胜

公元前 314 年，齐国趁燕国内乱，攻破燕的都城，杀死了燕王哙。燕昭王即位后，决心报齐国武装干涉之仇。公元前 284 年，燕王派大将乐毅攻齐。五年间，燕军接连攻下齐国七十余座城池，最后只剩下即墨还在齐人手中。

齐国人田单精通兵法，足智多谋。起初他在齐国的临淄当了一名小吏，并没有引起人们的注意。当乐毅率燕军攻入齐国时，他逃往安平。不久，安平被燕军攻破，田单又跑到了即墨城。

这时，乐毅又将即墨团团围住，即墨大夫战死，守军就推举田单为将军，领导即墨的抗燕斗争。

公元前 279 年，燕昭王去世后，惠王即位。惠王还是太子时，与乐毅曾有过隔阂，彼此成见很深。田单了解到这个情况后，就暗地里派人到燕国去散布流言，说："乐毅迟迟不攻打即墨是想收买人心，以便将来在齐国称王。齐国人最担心的，就是怕另换一个主帅，那样，即墨就该被攻破了。"燕惠王对这话竟信以为真，立即派大将骑劫接替乐毅的职务，调乐毅回国。

乐毅被无故撤职后，燕军士气低落。田单又派人混进燕军内部，散布谣言说："齐军最怕的是被燕军割下鼻子，如果燕军进攻时，把割去鼻子的齐兵俘虏摆在队前，即墨城一定不攻自破。”骑劫听了，不知是计，就照着做了。守城的齐兵看见自己的同胞被割去鼻子，生怕也被燕军俘虏，守城的意志更加坚决了。

接着，田单又派人散布谣言说：“我们最怕燕国人掘我城外的祖坟，糟蹋我们的祖先。”燕国人信以为真，把城外所有的坟墓都挖开，把尸骨堆在一起焚烧。即墨军民目睹燕军的暴行，无不咬牙切齿，一致要求与燕军决一死战。

田单看到齐兵的士气高昂，就赶快进行反攻燕军的准备工作。他先派使者到燕营请求投降，并且与骑劫约定投降的日期。接着，又把老百姓手中的金子集中起来，让城里的商人携带出城，去秘密送给燕军将领，假意乞求说：“我们即墨就要投降了，请你们进城后不要掳掠我们的妻妾。”燕军将领收下礼物，满口答应，战备更加松懈。

那天深夜，齐军开始向燕军发动进攻。田单把城里的一千多头老牛集中起来，给它们穿上大红色的衣裳，上面画着五颜六色的蛟龙图案，又在牛角上捆上锋利的尖刀，尾巴上绑上浇满了油的芦苇，然后点着火，将牛从暗中凿穿的几十个城墙洞口赶出去，并派五千精兵跟在牛群后面。很快，牛的尾巴烧着了，发起了牛脾气，吼叫着直往前面燕营冲去。黑暗中，燕军被这些突如其来的“怪物”吓得手足无措，到处乱逃，被牛撞死、踩死的士兵不计其数。跟随牛群的五千齐兵，一声不响地冲入燕营，勇猛冲杀。齐军又在城上擂起战鼓，喊杀声惊天动地。燕军毫无思想准备，突然遭到这么猛烈的袭击，一下子溃不成军。齐兵趁乱杀死燕将骑劫，燕军没有了主帅，四处奔逃。

田单率兵奋力追击，一路收复失地，被燕军占领的七十多座城池全部收回。接着，田单又拥立襄王为齐君，恢复了齐国政权。田单被襄王封为安平君。

司马迁在记述了田单用火牛破燕军的事迹以后，高度评价了他

“出奇制胜”的战术，称赞说：“先出兵可以阻挠敌人，出奇兵可以攻其不备。兵不厌诈，善战的人出其不意、机智多变，使敌人不可预知。开始时显得软弱，敌人不加戒备，可是到了该进攻的时候，却像逃脱的兔子一样急速，使敌人来不及阻挡。”这说的正是田单啊！

【出处】《史记》

【注解】奇：奇兵、奇计。制：制服。

【释义】用奇兵、奇计制服敌人，取得胜利。比喻用出人意料的办法取胜。

【例句】战士们在夜色的掩护下，悄悄渡过大河，出奇制胜，一举攻下了被敌人占领的小城。

初出茅庐

东汉末年，天下群雄割据，其中北方曹操的实力最强。

刘备在各方中间势力较弱，为了求得生存与发展，迫切需要招纳有才能的人。刘备的手下徐庶和司马徽向刘备推荐了一个人。此人复姓诸葛，名亮，字孔明，他上知天文下晓地理，博古通今，善用谋略，是个十分难得的人才。刘备听了十分高兴，连忙亲自前往诸葛亮当时隐居的南阳（今河南南阳）卧龙岗，请他出山共商大计。诸葛亮不了解刘备的为人，想考验一下他的诚意，便躲着不肯相见。刘备不死心，一连三次前来求见，最后终于打动了诸葛亮，答应辅佐他打天下。

不久，曹操派大将夏侯惇率十万大军攻打刘备驻扎在新野（今河南新野）的大本营。刘备把宝剑和帅印交给诸葛亮，要他全权调动兵力，迎战曹军。

诸葛亮料到夏侯惇将于第二天傍晚到达一个叫博望坡的地方。于是，他命令赵云率兵在博望坡诱敌深入；刘封和关平率兵等候在城后，一见曹军进入阵地就立刻放火作信号；刘备率兵在博望山下安营，曹军一来立刻后撤，见到信号后马上回头反击；关羽率一千人马埋伏在博望城左边的豫山上，见到信号后才许出击，只许攻击曹军的运粮部队；张飞则另率一千人马埋伏在博望城右边的山谷中，见到信号后立刻冲入城中，烧毁曹军储存在城中的粮草。

次日傍晚，曹军果真到达博望坡。夏侯惇见到赵云，不禁哈哈大笑，以为诸葛亮不过如此。赵云假装败走，夏侯惇率军紧追不舍。刘备出来接应赵云，也假装败走。夏侯惇见状更是毫不在意，只管猛追。

不久后，曹军进入一个一面是山、一面是林的狭长地带。这时，乌云遮住了月光，狂风吹过，沙尘飞扬。夏侯惇猛然意识到可能有埋伏，可是已经晚了，他刚下令停止前进，只见身后已经火光冲天，火势迅速蔓延，顿时成了一片火海。曹军顿时大乱，士兵们争相逃命，惨叫声响彻山谷。

这时，刘备和赵云的军队掉头回来攻击。夏侯惇不敢恋战，只好率残部慌忙逃窜，途中又和关羽、张飞相遇。一场厮杀后，曹军死伤无数，损失惨重，只好撤回许昌。

刘备的军队取得了胜利，士气大振，众人对诸葛亮的才能也佩服得五体投地。后来有人写了一首诗，称赞诸葛亮第一次出山就立了一大功，诗是这样写的："博望相持用火攻，指挥如意笑谈中。直须惊破曹公胆，初出茅庐第一功。"

【出处】《三国演义》

【释义】原意是指诸葛亮刚刚离开他隐居的茅草屋。后用来比喻刚踏入社会，缺乏经验。有时也单指刚进入社会或刚参加某种工作，而不包含缺乏经验的意思。

【例句】那个年轻人初出茅庐，缺乏经验，我们要多帮助他。

唇亡齿寒

公元前655年，晋国想攻打虢（guó）国。但是它们两国中间隔着一个虞国，于是晋献公派大夫荀息去向虞国借路。

昏庸无能的虞公被荀息的言辞迷惑，看不透敌人的野心，加之贪图晋国的厚礼，就答应了晋国借路伐虢的要求。

这时，有一位叫宫之奇的虞国大夫，站出来极力反对。他规劝虞公说："虢国是虞国的屏障，如果虢国灭亡了，虞国也将随之灭亡。俗话说：'唇亡齿寒'，说的正是我们两国之间这种唇齿相依的关系。如果我们借路给晋国，势必会助长晋国的野心，虢国早晨被消灭掉，那么虞国在当天晚上也就会跟着被灭掉。我们怎能做自取灭亡的事呢？"

可是，固执己见的虞公不听宫之奇的劝告，还是把道路借给了晋国。

当荀息率领晋国的大军经过虞国时，宫之奇立即率领全家逃离了虞国。他预言说："虞国来不及举行年终的腊祭了，晋国将在这次军事行动中一举消灭虞国！"

果然，那年冬天，晋国先消灭了虢国，随后又在得胜回国的途中，背信弃义地灭掉了虞国，并且捉住了虞公。

【出处】《左传》

【释义】 没有了嘴唇，牙齿就会感到寒冷。比喻双方利害关系密切，休戚与共。

【例句】 我们两家公司有着多种业务关系，正所谓唇亡齿寒，他们公司如果破产了，我们公司也就危险了。

从善如流

春秋时期，一次楚军攻打郑国。郑国因抵挡不住，便派人向晋国求救，晋景公马上派栾书率领大军去救援郑国。楚军见晋军来势凶猛，立即退兵撤回楚国。

栾书对楚国的侵犯非常气愤，就领兵去攻打楚国的盟国蔡国。蔡国连夜派人向楚国求救。于是楚国派公子申、公子成二人，率领申县、息县的军队赶来救援。

晋国大将赵同与赵括，向中军元帅栾书请求出战，迎击楚军。栾书正要答应，这时他的部下智庄子、范文子、韩献子三人劝阻栾书说："楚军去而复来，一定很难对付。如果是我军胜了，也只是打败了楚国两县军队，不值得炫耀；如果我军败了，那就耻辱到极点了，因此不能与楚军相争。"

栾书听后，觉得很有道理，准备收兵。可是栾书的其他部将不同意智庄子三人的看法，他们对栾书说："军中辅佐元帅的共有十一个人，只有他们三位反对出战，可见还是主张迎击楚军的人占多数。元帅怎么不按多数人的意见来决策呢?”栾书回答道:“多数人的意见不一定正确,正确的意见才能代表多数。智庄子他们的意见深谋远虑,是正确的建议,所以能够代表大多数人。因此,我应当接受他们的意见。”于是,他下令退兵。

《左传》的作者在讲述了这个故事之后,感叹地说:“听从正确的意见像流水一样迅速啊(从善如流)!”

【出处】《左传》

【注解】从:听从。善:好的、正确的。如流:像水从高处流下那样,比喻迅速。

【释义】形容很快地接受别人正确的意见。

【例句】领导要从善如流,才能带领整个团队向前发展。

打草惊蛇

南唐时期,当涂县的县令名叫王鲁。这个人很贪心,大肆搜刮民财,干了不少贪赃枉法的事。他很狡猾,收受贿赂的事都是让部下出面,自己还装得很清廉的样子。他的部下见他贪图钱财,也纷纷效仿,敲诈勒索,无恶不作,当涂县的老百姓恨透了他们。

一次,一位年轻人为了房基地和邻人张三起了纠纷,两家争吵不休,闹到县衙门。谁料,守衙门的士卒不让他们进去,说是要进门钱。年轻人只好拿出几文钱,才得以进了衙门。进门没走多远,又遇到一个人拦住他们，喝道："你们私闯公堂，胆子不小，还不快出去!"年轻人连忙分辩道："老爷，我们是来请王县令公断的。张三霸占了我的房基地，却反诬我占了他的地，请老爷明鉴。"张三认出拦住他们的人是县衙门的主簿，连忙把他拉到一边，悄悄递过去一锭银子，说道："主簿大人，是他占了我的房基地，请你为我做主。"这主簿见了亮闪闪的银子，眉开眼笑，转脸恶狠狠地对那个年轻人叱道："一点小事，也来惊动王大人。出去出去!"不由分说，就把他们推出门去。年轻人回到家中越想越生气，就去串联了那些受过主簿敲诈的人，写了状子，递到县衙门。

那天，王鲁正坐在县衙里批阅案卷。他翻开一张状纸，"状告主簿"几个字跃入他的眼帘，他不觉一惊，赶紧往下看，越看越慌。状纸中对主簿的违法乱纪行为揭发得清清楚楚。这些事情，大部分都是他暗地指使主簿干的。他想："这些事，如果追究起来，必然要把自己牵扯进去，这可不妙啊！幸亏这件公文落在我手里，以后可要多加小心啊!"想到这里，就随手批了八个字："汝虽打草，吾已蛇惊。"意思是说：你们虽然告发的是我的下属，但我已经感到事态严重了，就像打草的时候惊动了草里的蛇一样啊！批完后，王鲁就把这个状子压了下来。

【出处】《酉阳杂俎》

【释义】 打草惊动了草中的蛇。比喻采取机密行动时，不慎使对方有所察觉，有所准备。

【例句】 警方没有对外透露这次的行动，是为了不打草惊蛇。

大材小用

辛弃疾是南宋末年著名的抗金英雄。金兵入侵中原，辛弃疾由于主张抵抗，反对投降而遭到罢官。后来朝廷只是任命他为浙东安抚使兼绍兴知府。辛弃疾平时爱好诗词，因此与住在绍兴的诗人陆游成为好朋友。过了一段时间，宋宁宗赵扩召辛弃疾回京城临安，商谈北伐抗金的大事。陆游知道这消息后，为辛弃疾有出头之日和能实现自己的抱负而高兴，特地为辛弃疾写了一首诗，诗中写道："大材小用古所叹。"意思是：你现在做个浙东安抚使，真是"大材料当做小材料使用"，令人叹惜。

【出处】《送辛幼安殿撰造朝》："大材小用古所叹，管仲萧何实流亚。"

【释义】原意是把大的材料当做小的材料来用。现常用来比喻对人的使用不当，埋没才能，使人才不能充分发挥作用。

【例句】让王教授在这乡下的小学教书，真是大材小用。

大公无私

春秋时期，晋平公问祁黄羊："南阳县缺一位官员，你看谁去比较合适呢？"祁黄羊想了想后推荐了仇人解狐。看见晋平公很奇怪，祁黄羊解释道："您只问我谁适合这个职位，并没问解狐是不是我的仇人呀！"解狐上任以后果然很有作为。又有一天，晋平公问祁黄羊："朝中缺少一位法官，你看谁能胜任呢？"祁黄羊毫不犹豫地推荐了自己的儿子祁午，结果祁午也非常称职。孔子知道这两件事后称赞祁黄羊公正严明，是个"大公无私"的人。成语"大公无私"便从此流传下来。

【出处】《新唐书》

【释义】指一心为公，没有私心。也指秉公处理，不偏袒任何一方。

【例句】我们要学习祁黄羊大公无私的精神。

大义灭亲

春秋时期，卫桓公被其弟州吁所杀，州吁自立为国君。州吁不仅大兴土木，为自己修建宫殿，而且四处征兵，使本来就已不堪重负的卫国百姓，更是雪上加霜。卫国朝野怨声载道，暴动一触即发。

有几位正直的大臣暗中商议，准备到周天子那里去揭发州吁杀君篡位的罪行。州吁很快得知了这个消息，他十分恐慌，担心周天子会出面干预。

于是，州吁马上找来石厚商讨对策。石厚对州吁说：“我父亲石碏很有谋略，在国内也有极高的威望，如果我们能得到他的帮助，那么事情就会好办多了。”

州吁说：“你赶快回家，请你父亲帮忙。如果他能帮我们渡过难关，日后我一定报答他。”

石厚的父亲石碏是个十分正直的人。他对州吁的行径早已十分痛恨，但自己又无法加以制止，一气之下只好辞官回家，但他每天都在考虑对付州吁的办法，伺机行动。

那天，石厚奉州吁之命回到家中，向父亲转告了州吁的想法。石碏头脑一转，马上想出了对付州吁的办法。他对石厚说：“现在国人对州吁都非常不满，那是因为他没有得到周天子的承认和支持。如果得到周天子的承认和支持，事情就好办了。现在我们可以这样办，陈桓公很得周天子的信任，他的意见能对周天子产生极大的影响。你不妨与州吁一道去请陈桓公帮忙，只要他肯出面，问题就可以解决了。”

石厚听了父亲的话后，感觉这是个非常稳妥的办法，于是赶紧回宫把这一情况报告州吁。州吁听后十分高兴，立刻备下厚礼，准备前往陈国。

再说石碏，他等石厚走后，立即给陈桓公写了一封信，派人连夜送去。他在信中揭露了州吁和石厚狼狈为奸，杀君作乱的滔天罪行，并列举州吁当权后的种种不义行径。最后建议陈桓公，在州吁和石厚去陈国时，将他们逮捕，并处以极刑，为卫国除害。

州吁和石厚带着丰厚的礼品来到陈国，刚一入境便被陈桓公捉了起来，并派人通知卫国。

卫国派右宰丑（右宰：卫国官名，相当于大夫；丑：人名）赶到陈国，把州吁处死。右宰丑考虑到石厚是石碏的儿子，准备从宽处理。可石碏却坚决不同意，他说：“州吁做的许多事情，都是石厚主谋，像石厚这样大逆不道的人，留在世上永远是个祸患。”

于是，石碏便命令家臣去陈国，把石厚杀死。

因此，有人称赞石碏这种大公无私的精神为大义灭亲。

【出处】《左传》

【释义】指为了维护正义，对犯罪的亲人不徇私情，使其受到应有的惩罚。

【例句】我国宋朝的包拯执法公正，大义灭亲。

道听途说

战国时期，有一位叫艾子的人，他是一位学者，博学多才，所以他的学生众多。这引起另一位叫毛空的人的嫉妒，毛空是个游手好闲，整天不务正业的人。毛空觉得自己见识很广，总想炫耀一下自己。

有一天，艾子从楚国回到齐国。刚进都城，恰巧遇见了毛空。毛空急忙过去，与艾子寒暄了一阵，便很神秘地对艾子说：“你听说过吗，一只鸭子一次就能下一百个蛋？”

艾子听后便说：“要是那样的话，我不知道你说的鸭子有多大？”

毛空自鸣得意地说：“鸭子大小与下蛋多少无关，大象可是很大，可是它一个蛋也生不下来。”艾子说：“如果把一百个鸭蛋放在一起，那么一只鸭子能往哪装呢。”

毛空马上说：“那当然是装在鸭肚子里了。”

艾子说：“一只鸭子哪能装一百个鸭蛋呢？”

毛空说：“要是两只或三只鸭子下的，这你总该相信了吧？”可艾子还是说，这是不可能的。

毛空看艾子还不相信，就把鸭子的数目增加到几十只，可艾子就是不相信。

毛空一看说服不了艾子，便又说了一件事，他说：“上个月，天上掉下了一块长三十丈，宽二十丈的大肉。”艾子说：“天下什么动物的肉会这么大呢？”

毛空一看艾子不信，忙改口说：“那就长十丈，宽十丈吧！”

艾子一看毛空不着边际地瞎说，便问道：“这样一块肉比十头牛还大，这究竟是什么肉呢？请你告诉我，鸭子是谁家的，肉掉在什么地方，那样我才相信！”

毛空只好说：“我是在路上听别人说的。”

艾子听后，大声笑着对身边的学生说：“你们可不要像毛空那样道听途说。”

【出处】《论语》

【释义】指路上听来，又在路上传播的话。指没有根据的传闻。

【例句】我们不能道听途说，要实事求是。

得过且过

相传，五台山上有一种奇特的动物，名字叫寒号鸟。它有四只脚，两只肉翅，也许是蝙蝠一类的动物，但它不会飞。

夏季是寒号鸟最快乐的日子。它全身长着五彩的羽毛，鲜艳夺目，使百鸟十分羡慕。寒号鸟得意洋洋，整天走来走去，得意地唱道："凤凰不如我！凤凰不如我！"好景总是不能长久，秋天来到了。怕冷的鸟儿开始向南方迁徙，留下来的鸟儿也整天辛勤忙碌，造窝储粮，做过冬的准备。只有寒号鸟仍然游游逛逛，到处炫耀它那身五光十色的羽毛。

秋去冬来，寒风呼啸，雪花飘飞。别的鸟儿都躲在温暖的窝中，靠着秋天储存的食物度过漫长的冬季。可寒号鸟没有窝，也没有食物。更不幸的是，它那一身漂亮的羽毛也掉得光光的，就好像是还没长毛的雏鸟一样。黑夜降临了，全身光秃秃的寒号鸟只好蜷缩在石缝里睡觉。

刺骨的寒风阵阵向它袭来，冻得它瑟瑟发抖。它真后悔秋天里只顾游荡，没有垒个窝，嘴里不断咕噜道："寒风冻死我了，明天就搭窝。寒风冻死我了，明天就搭窝！"次日，太阳出来了，晒得寒号鸟浑身暖洋洋的。它很快忘记了夜里挨冻的痛苦，不再想搭窝的事了。它宽慰自己说："得过且过！得过且过！"就这样，寒号鸟始终没垒窝，混一天是一天，它最终在一个大雪纷飞的寒夜，冻死在五台山的石缝里了。

【出处】《辍耕录》

【注解】得：能。

【释义】过一天算一天。现在也指对工作敷衍了事，不负责任。

【例句】我们不能得过且过，要积极进取，奋发向上。

得心应手

有一次，齐桓公问管仲，你办事从容不迫，并且很有见地，是如何学到的。管仲回答说："大王，其实我任何窍门都没有，只有一点，那就是读书。"齐桓公听罢，从此也抓紧一切时间读书。

有一天，齐桓公正在津津有味地读书，琅琅的读书声传到堂下。这读书声扰得在堂下制造车轮的老工匠轮扁心烦意乱。于是，他放下手中的活，走到堂上来，问齐桓公："请问大王，你这是读的什么书，使你如此入神？"

齐桓公见状，有点生气，但还是回答说："我读的都是圣人的书。"

轮扁问："圣人还在世上活着吗？"

齐桓公说："当然，他们有的早就死了！"

轮扁说："人已经死了，那书上说的不全都是一些废话吗？"

齐桓公听后勃然大怒，说道："本大王在这读书，你这个工匠胆子也太大了，竟敢说我读的书都是废话，今天你给我讲出道理，否则我就要你的人头！"

轮扁见齐桓公发怒，不慌不忙地说："大王息怒。我轮扁是制作车轮的。就拿加工车轮的事来说说吧。车轮的轴孔做大了，容易松动；

如果做小了，就难以装配。只有大小合适，才能恰到好处。我做活时，得心应手，这里有技术奥妙，但却说不清其中的道理，所以也无法把它传授给我的儿子，儿子也无法继承。大王你看我现在已七十多岁了，我还得亲自动手做车轮。否则，我不做了，别人也就无法制作车轮了。古代圣人的那些精妙东西是无法用语言传给后世的，所以那些东西随着他们的死亡而失传，因此留下的全都是废话。”

齐桓公被这些话搞得哭笑不得，但他认为轮扁受环境及知识的局限，说出这话也不足为奇，便原谅了他。

【出处】《庄子》

【释义】原意是心里想的与手中做的能保持一致。现指技艺纯熟，心里怎么想，手里就能怎么做出来。也形容使用非常顺手。

【例句】多积累些词语，造句时就会得心应手。

滴水穿石

张乖崖被任命为大宋朝崇阳县县令，走马上任已经有一段时间了。可是最近他总是闷闷不乐，因为崇阳县的盗窃之风盛行，一直没有得到有效的制止。

一天，张乖崖亲自带领下属，在衙门周围巡逻。走到县衙的钱库附近，忽然看见一个管理县衙钱库的小官吏，从钱库里慌慌张张地走出来，迎面碰到了张乖崖一行，掉头就想往另外一条路走去。这引起了张乖崖的怀疑，他赶紧把库吏叫住，严厉地问道：“喂，你这么慌慌张张干什么？”那库吏一惊，结结巴巴地说：“没，没什么。”

张乖崖见此情景，联想到县衙钱库经常被盗，每次的数目都不大。他恍然大悟，会不会是库吏监守自盗呢？想到这，他命令手下随从对库吏进行了彻底的搜查，最后在库吏的头巾里搜出了一枚铜钱。

张乖崖希望以此为线索查出盗窃钱库的真正凶手，下令将库吏带回大堂认真审问。张乖崖坐在大堂之上，厉声问道：“一共从钱库里偷走多少钱？从实招来。”

库吏已从刚才的惊慌中回过神来了，知道了问题的严重性。他直视着张乖崖，回答道：“我以前从来没有偷过钱，这是第一次。”

张乖崖看他嘴硬，下令打他二十大板。库吏哪里受过这种苦。被打得皮开肉绽、怨气冲天，高声叫道：“偷了一枚铜钱有什么了不起，你竟然敢行刑逼供。钱库失盗，大人无能查出真凶，也就只能打打我，出出气而已。难道大人还能杀了我不成？”

张乖崖看到库吏偷了钱，不仅不认错，反而理直气壮地顶撞自己，不配合自己查案，气不打一处来，毫不犹豫地拿起笔，写下了判决书：

“一日一钱，千日千钱，绳锯木断，水滴石穿。”

库吏一听判决书，顿时瘫在了地上，再也没有刚才的神气劲了。

张乖崖吩咐衙役把库吏押上刑场，立即斩首示众。崇阳县所有的人都由此看到了新县令惩治盗窃的决心，社会不正之风得到了有效遏制。

【出处】《鹤林玉露》

【释义】字面意思是水滴不停地滴，滴久了也能把石头滴穿。现在用来比喻坚持不懈，极细微的力量也能成就大事业。

【例句】练好书法需要持之以恒，要有滴水穿石的精神。

雕虫小技

公元前53年，扬雄出生于蜀郡成都一个贫苦的家庭中，他自幼就勤奋好学，博采众长，文采出众。

当时，扬雄在思想上还很不成熟，他追求时尚崇拜名家，模仿著名的赋作家司马相如的风格、技巧，开始写赋。后来，他把自己写的《甘泉》等几篇赋献给汉成帝，博得汉成帝的赏识，并被授予给事黄门郎的官职。

当他进入宫廷生活后，他在思想上发生了巨大的变化。他最初热衷于写赋，是认为赋不仅词藻华丽，而且能直接递交圣上，他想通过赋把自己治国安邦的思想传递上去。然而，事与愿违，皇上对赋，只是欣赏其中歌功颂德和游山玩水的地方，对于其他的都无动于衷。这无疑给扬雄的雄心大志以致命的打击。

从此，扬雄放弃赋的写作，开始专心致志地研究《易经》《论语》等经典名作。这使他后来在学术研究上，颇有成就，比如他的哲学著作《太玄》《法言》，都值得后人研究学习。

之后有人问扬雄，为什么不写赋，而从事学术研究。扬雄回答："我年轻时喜欢写赋，就像我年轻时喜欢雕刻古代的虫书篆字一样，而现在，随着年龄的不断增长，我对这些微不足道的技能丝毫不感兴趣了。"

【出处】《法言》

【释义】比喻微不足道的技能。

【例句】这点雕虫小技怎能瞒过专家的法眼。

东山再起

东晋时期，著名的宰相谢安，天资聪颖，自幼就才学过人，而且写得一手好字。谢安虽很有才学，但无意于做官。起先，他在司徒府里做著作郎，没多久便以有病为由辞官回到故乡会稽。后来，扬州刺史庾冰慕名来找他，请他到扬州做事，他也不愿去。庾冰几次派人来催逼，他不得已，只好赴任。但只过了一个多月，他就找个借口回来了。不久，吏部尚书范汪举荐他为吏部郎，他也坚决拒绝了。

谢安隐居在会稽的东山，与当时的名士王羲之、高阳、许询等人交往甚密。他们一起游山玩水，写诗作文，很悠闲。他经常坐在山中的石窟中，面对着峡谷大川，悠然叹道："我这样的生活距古代的隐士伯夷又有多远呢？"

此时，谢安的弟弟谢万当了征西中郎将，很受朝廷重用。但他的名气还是没有谢安大，人们都认为谢安是治国平天下、辅佐君王的大才。谢安的夫人见谢万当了官后，家门富贵，而谢安却安于平淡的生活，就对他说："大丈夫不求功名，不求富贵，还求什么呢？"谢安仍不为所动。不久，谢万被罢官了，谢安为了挽回谢家日趋衰微的地位和名声，开始萌发仕进之意。当时，他已四十多岁了。恰好征西大将军桓温请他出任司马一职，他就接受了。

当他要上任的那一天，许多朝廷命官都来为他送行。有一位叫高崧的官员和他开玩笑说："你过去多次违背朝廷旨意，不肯出来做官，高卧东山，悠闲得很。今日你到底出来了（东山再起）。"谢安听了，感到很羞愧。

谢安后来一直官至宰相，在著名的淝水之战中，他指挥有方，以少胜多，打了大胜仗。

【出处】《晋书》

【注解】再起：再次出来做官。

【释义】原指谢安退职后在东山隐居，以后又出来做了大官，后指再度任职。也比喻失势之后又重新得势。

【例句】他生意失败后并没有放弃，而是暗自努力，希望有一天能东山再起。

对症下药

东汉时期，有一位著名的医学家名叫华佗。

一天，有两个病人前来求医看病。这两人头痛欲裂、高烧不退，已经看遍附近所有的医生，但均不见效，没办法只好千里迢迢来找华佗。

华佗详细询问了两个人的病情后，给他们各抓了一服药，告诉每人煎药的方法，服药的时间和次数，两人就离开了。

两人出门打开一看药方，觉得很奇怪：我们两人病症相同，为何处方不一样呢？他们俩说，是不是华佗太忙，一时写错了方子呢？

于是，两人带着疑问又回来找华佗。他们俩说明情况后，华佗笑着说："没错，没错。别看你们俩得的病从外部症状看相同，可引起这症状的原因是不同的。刚才我检查时已发现，你们一个是内部伤食引起的头痛发烧，另一个是外部受寒而造成的。所以，你们两个的药方就不一样。"

【出处】《朱子语类》

【释义】指医生针对病情用药。也比喻针对实际情况采取措施解决问题。

【例句】如果不对症下药，问题就不能彻底解决。

尔虞我诈

春秋时期，楚国自恃强大，派兵攻打弱小的宋国。不久，楚国的军队包围了宋国的都城，宋国国君见形势很危急，就派人到晋国去求援。晋国的国君暂时不想发兵，说要等一段时间，但又恐宋国人失望，就派了使臣解扬到宋国去，告诉宋国不要投降，晋国的军队很快就会去救他们的。

谁料，解扬路过郑国时被抓了起夹。郑人又把他献给了楚国。楚王给了他许多钱，要他对宋国人讲相反的话，解扬不答应。楚王再三逼迫，解扬假装同意了。于是，楚王就让解扬登上楼车，把他带到宋国都城前，要他向宋人喊话。解扬趁机把晋君的命令传达给了宋国。

楚王见解扬欺骗了自己，大怒，下令把解扬杀了。在刑场上，楚王的使者宣布了解扬的罪状："你既已答应了楚王，又反悔，是你不讲信用。快接受你应受的刑罚吧!"解扬毫无惧色，从容不迫地答道："我接受了我们国君的命令，如果不执行才是不讲信用。我答应楚王，是为了完成我的使命，即使死了我也无悔。"楚王很钦佩解扬的忠贞不屈，就把他放了。

宋国坚决不降，楚国久攻不下，粮草也快用完了。楚王准备撤退。大臣申叔时献计说："听说宋国人已用人骨当柴烧，把死掉的孩子当饭吃了。我们只要让士兵盖房子，种粮食，装作要长期住在这里。宋国人的军心就会涣散，还怕他们不投降吗?"楚王觉得很有道理，就采纳了他的意见。

那天夜里，宋军将领华元悄悄潜入楚营，摸到楚将子反的床前，把他叫起来，说："我们现在已经到了吃人肉、烧人骨的境地。但是，我们宁可让国家灭亡，也不投降。如果你们退兵 30 里，我们可以讲和。"子反在华元的威逼下，只好答应退兵。子反将此事报告楚王，楚王也同意了。第二天，楚军后退 30 里。华元又到楚营和楚国签订了盟约，盟约上写道："不可尔虞我诈。"

【出处】《左传》

【注解】尔：你。虞、诈：欺骗。

【释义】彼此互相欺骗。

【例句】同志之间要坦诚相待，不能尔虞我诈。

反客为主

三国时期，为了收复汉中失地，刘备、诸葛亮派老将黄忠带三千人去攻打定军山，由于定军山地势险要，易守难攻，诸葛亮又让谋士法正出谋划策，并让赵云随时准备增援。

魏国守将夏侯渊最初采取的是拒守不战的方法，使蜀军没有作战机会。后来，夏侯渊听说曹操率四十万大军前来增援，马上改变了策略，命夏侯尚领一小部分兵力去挑战，自己领大队人马埋伏在山路两侧。

由于布置严密，这一次夏侯渊大获全胜，消灭了一千蜀兵，而且擒了蜀将陈式。

面对这样的局面，谋士法正说："夏侯渊为人比较轻率并且脾气躁，勇猛而缺少智谋。我们要鼓舞士气，逐渐缩小包围圈，稳扎稳打，步步为营，只有这样才能迫使夏侯渊出战，再找机会擒拿他，这是变被动为主动的做法。"

黄忠按照法正的策略，先是犒赏三军，然后步步为营，逐渐接近魏军地盘，并夜袭定军山对面的一座高山，以便观察定军山的军情，激怒夏侯渊。

夏侯渊闻讯果然大怒，不顾谋士的劝告而贸然出击，结果被老将黄忠砍为两段，主将一死，魏军失去了抵御能力，黄忠乘胜追击，拿下了定军山。

反客为主是一种变被动为主动的战术，变为成语后，意思略有变化。

【出处】《三国演义》

【释义】原意是使客人反过来成为主人，常比喻形式或身份地位的变化，即变被动为主动。

【例句】为人处世要讲礼数，你不应该反客为主。

放虎归山

秦穆公三十三年，秦国派孟明视、西乞术、白乙丙三员大将出师讨伐郑国。回师时，在崤山却被晋军大将先轸带兵打败而被俘。

晋襄公打算将孟明视等三人献于太庙，然后施刑，以表战功。

晋襄公的后母文嬴听说娘家秦国的大将被俘，便对襄公说："秦晋两国结为婚姻，相交很厚，何不放他们回去，让秦国去处置他们。"襄公不听，文嬴继续劝说道："当年楚国的成得臣打了败仗，回去后被楚王杀了。秦国难道没有军法吗？再说我们的先君惠公也曾被秦国逮住过，秦国国君以礼相待，把他放回来了。别人对我们这么有礼，我们为什么一定要杀掉这三个人呢？这岂不是显得我们太无情了吗？"

晋襄公是个孝子，不敢违抗母命，就把三员大将放了。当时，先轸正在家里吃饭，听到此事，怒不可遏地把刚吃进嘴里的饭吐了出来，立即去见晋襄公。他怒冲冲地问襄公："秦国的囚犯在哪里？"

襄公回答说："母后请求放他们回国，让秦国去处置他们。我已遵照母命把他们放了。"

先轸听了，非常气愤，"呸"的一声，吐了襄公一脸口水，大声说："你这小子，竟糊涂到这种地步。我们辛辛苦苦才把他们捉住。你竟听从妇人的只言片语而把他们放了，这叫'放虎归山'。将来，你后悔就晚了。"听了先轸一番话，晋襄公醒悟过来，马上派人去追赶孟明视等三人，可哪里还能追得上呢！

孟明视等三人回国以后，秦穆公不但没有责备他们，反而继续让他们掌握兵权。过了三年，孟明视等终于打败了晋国。秦国成了西方的霸主。此时，晋襄公才真正后悔莫及。

【出处】《东周列国志》

【释义】 放走敌人，后患无穷，就像把老虎放回山林一样危险。

【例句】 如果我们的作战方案稍有疏漏，就不能把敌人消灭，反而会放虎归山。

分道扬镳

元志是南北朝时期北魏的大臣，他聪明过人，才华横溢但清高孤傲。

元志恃才自傲，瞧不起某些才疏学浅的达官贵人，经常对其出言不逊，但又合情合理。一次，元志外出游玩，正巧御史中尉李彪的马车从对面飞快地驶来。元志的官职比李彪的小，按理应给李彪让路。但他一向看不起李彪，偏不给他让路。李彪见他这样轻狂骄逸，目中无人，便怒火中烧，当众责问元志："我乃堂堂的御史中尉，官职比你大多了，你为什么不给我让路?"

元志可不认李彪的理，反而振振有词："我是这里的地方官，你在我眼中，不过是洛阳的一个住户而已，哪有地方官给住户让路的道理!"

两个人互不相让，争吵不已，最后闹到孝文帝那里。

孝文帝听了他们各自的陈词，觉得两人的话都有点道理，也不好作评判，便笑着说："洛阳是我的京城，你们说的也都有道理。我看不如这样吧，你们俩分开走，各走各的，在自己的道上扬鞭催马不就行了吗?"

【出处】《魏书》

【释义】 原意指把道路按直行线一分为二，各走属于自己统辖的路，分路前进。后来用以比喻各人向各自不同的目标前进，互不相干。

【例句】 这次争吵是造成他们两个分道扬镳的主要原因。

风吹草动

春秋时，楚平王杀害了伍奢和其长子伍尚后，又下令追捕他的二儿子伍员（即伍子胥）。伍员知到此事后，乔装改扮，准备逃到吴国去。他在好友东皋公的帮助下混出昭关，在昭关，他曾一夜间急白了头发和胡须。出了昭关来到一条大河边，为了防备追兵，白天不敢行走，也不敢进村庄找吃的，他在芦苇丛中藏了起来。但是，心中却十分紧张，一看到被风吹动的芦苇，就担心是追兵来了。伍员看见一只渔船从远处划了过来，连忙请渔翁渡自己过河；渔翁了解了伍员的身世之后十分同情，不仅帮他过河，还拿来饭菜让他充饥。后人为此写了一篇文章，形容伍员逃亡的情形是："风吹草动，即便藏形"。

【出处】唐《伍子胥变文》记："偷踪窃道，饮气吞声。风吹草动，即便藏形。"

【释义】比喻一点点轻微的动静或变故。

【例句】因为他做了坏事，所以一有风吹草动，他就很担心。

赴汤蹈火

东汉末年，皇室衰微，军阀割据，社会动荡不安。担任荆州刺史的皇族刘表，对当时的军阀混战采取观望的态度。

公元199年，袁绍与曹操在官渡（今河南省中牟东北）争战。袁绍派人要刘表支援。刘表口头答应，实际上按兵不动；对曹操也采取同样的态度。

从事中郎韩嵩认为刘表用这种态度不妥，对他说："曹、袁两公相持不下，将军的行动举足轻重，应慎重选择一方。若是继续犹豫暧昧，后果肯定得罪两方。"

韩嵩向刘表分析了天下的形势，认为胜利必在曹操一方，建议刘表归附曹操，才是万全之策，其他将领也赞同韩嵩的建议。刘表还是犹豫不决，他考虑再三对韩嵩说："目前，曹公已经迎天子到了许都，请先生到那里为我去观察一下实情如何？"

韩嵩严肃地说："我是您的部属，自然应该听从将军的命令，就是要我赴汤蹈火，也会奋不顾身，死也不推辞。不过要请将军再三考虑，如果此番能作出上顺天子、下归曹公的决策，那么我去京都是正确的；如果将军主意还未拿定，就派我进京，若天子封我为官，我就成了天子之臣，不能再为将军效力了。望将军到时不要让我为难。"

刘表对此没有明确表态，就让韩嵩去京都了。果然不出韩嵩所料，他到京都见到受曹操控制的汉献帝后，马上被任命为零陵太守。韩嵩赴任前，去向刘表辞别。

刘表知道韩嵩已接受汉献帝的任命一事后，勃然大怒，认为他是对自己的背叛，当场要将韩嵩处死。文武官员都非常震惊，纷纷为韩嵩求情。但是，韩嵩却神色自若地对刘表说，他进京都前有言在先，因此刘表现在这样处置他，是负了他，而不是他负了刘表。接着，他当众把先前对刘表说的话重说了一遍。刘表只好不杀韩嵩，而将他囚禁起来。

【出处】《三国志·魏书·刘表传》

【释义】敢于面对沸水和大火。指为了忠于他人，甘愿不避艰险，奋勇向前。

【例句】为了国家，他们可以赴汤蹈火，万死不辞。

奋不顾身

李陵，字少卿，是汉武帝时的著名大将，很受汉武帝信用，任命他为骑都尉，率军抵御匈奴的入侵。李陵擅长骑射，又懂得兵法，当时很得朝廷信任。不料，李陵在和匈奴的战斗中，由于寡不敌众，无奈向匈奴投降。听说李陵投降，汉武帝很是生气，认为李陵辱没了自己对他的信任，朝中大臣也都纷纷指责李陵没有骨气。只有太史令司马迁不这样认为，他说："我和李陵一向没什么交情，但我见他为人很讲义气，孝顺父母，友爱兵士。他常常奋不顾身地解救国家的灾难，所以，我认为李陵这次在领兵不到五千的情况下，与数万名敌兵对阵，最后由于伤亡惨重，弹尽粮绝，归路被切断，才被迫投降，是情有可原的。而且我还认为，他这次投降，并非贪生，而是想等待以后的时机再来报答国家。"司马迁说得在情在理，但汉武帝却认为他是替李陵辩护，是非不分，将他关进了监狱，施行"腐刑"。以后，汉武帝还杀了李陵全家。李陵知道后很是痛心，于是在匈奴娶妻成家，至死不回故土，未能实现他奋不顾身、为国捐躯的愿望。

【出处】《汉书·司马迁传》

【释义】奋勇向前，不顾个人安危。

【例句】他奋不顾身的精神令人感动。

高山流水

传说，有一对好朋友，一位叫伯牙，一位叫钟子期。伯牙弹得一手好琴，他能把心里所想的事物，用琴声完美地表达出来。钟子期是个樵夫，但却是个懂音乐的行家，无论伯牙用琴声表达什么内容，他都能听得懂。

一次，两人在一起弹琴娱乐。伯牙手抚琴弦，轻轻拨动，先弹了一首抒情的曲子，接着又弹了一首欢快的曲子。弹着弹着，伯牙一抬头，看见了南窗外远处的一座高山，不由想起了曾和钟子期登山的情景，心里一走神，指尖弹出的乐曲突然变得雄壮高峻。钟子期微闭着双眼，正沉浸在优美的音乐声中，忽听得琴声变得高昂激越，不由得睁开双眼，高声喝彩道："好啊，高峻得像泰山一样！"

伯牙见钟子期一下子就听出了自己的琴声表达的意思，会心一笑，故意又变了个调子，琴声一下子变得宏大壮阔，好像是江水一泻千里。钟子期又喝彩道："好啊，浩荡得像江河一样！"

伯牙又连续变了几个曲调，钟子期都能准确无误地听出来。

后来，两人又携琴同游泰山，走到泰山的北面时，突然遇到了暴雨。两人赶快躲到岩石下面避雨。狂风挟裹着雨点抽打着山石、劲松，泰山的一切都隐没在雨幕中，耳边只听见暴雨的喧嚣声。伯牙被这大自然的伟力所震撼，情不自禁地拿出琴，弹了起来。他先弹了大雨倾盆的曲子，接着，又演奏了山崩的音乐。他刚弹完，钟子期就开玩笑说："我们的处境很危险啊！不仅有狂风暴雨，还有山崩地裂呢！"

伯牙不由得放下琴，叹息道："好啊！好啊！您听音的功夫实在太高明了。您想象的意思正是我心里想的、琴上表达的，我的琴声怎能逃过您的耳朵，您真是我的知音啊！"

成语"高山流水"就是从伯牙和钟子期的故事而来的。

【出处】《列子》

【释义】比喻遇到知音或知己。

【例句】高山流水，觅得知音乃人生一大乐事。

高枕无忧

春秋的时候，齐国有一位叫孟尝君的人，他在家里养了三千个客人，孟尝君把这些人分成上、中、下三种等级！上等的客人每天都可以吃到大鱼大肉，出门的时候还有车子可以坐；中等的客人每天只能吃到鱼和菜；下等的客人每天吃到的就只有蔬菜而已。有一天，孟尝君的朋友介绍一个叫冯谖的人到孟尝君家，孟尝君问他的朋友："这个叫冯谖的人有什么专长呀？"朋友想了很久说："好像没什么专长！"孟尝君听了之后，就不怎么理会冯谖，家里的佣人看到孟尝君不理冯谖，以为主人瞧不起冯谖，通通把冯谖当下等的客人招待。冯谖心里很不高兴，天天发牢骚："既然大家都瞧不起我，我干脆离开算了！"孟尝君知道以后，就把冯谖由下等的客人升为上等的客人，还送给冯谖的妈妈吃的和用的东西，冯谖心想："孟尝君对我这么好，我一定要找机会报答他！”有一次，孟尝君派冯谖到薛地去讨债，冯谖就假装是孟尝君下的命令，叫所有欠孟尝君钱的人不用还钱，替孟尝君买了个“义”的好名声！后来孟尝君被齐国国君解除了相国的官位，回到薛地去住的时候，薛地的人民都热烈地欢迎孟尝君呢！过了不久，冯谖又对孟尝君说：“一只兔子要有三个洞藏身，才能免除被猎人猎杀的危险。您现在住在薛地，就好像兔子只有一个洞，是很危险的！万一齐国的国君对您不满意要杀您，您连其他躲的地方都没有呢！所以，您现在还不能把枕头垫高，安心地睡觉！”孟尝君一听：“那我该怎么办呢？”冯谖答：“这件事就交给我去办！我会让您像狡兔一样，有三个安全的洞藏身！”于是，冯谖就跑去找梁国的国君梁惠王，告诉梁惠王孟尝君非常能干，梁惠王听了之后立刻派人带着一千斤黄金、一百辆马车去请孟尝君到梁国做相国。这个消息传到了齐国，齐国的国君马上慌张起来，赶快用隆重的礼节请孟尝君回齐国做相国。同时，冯谖又叫孟尝君在薛地建立宗庙，用来保证薛地的安全。等到薛地的宗庙建好以后，冯谖就对孟尝君说：“现在三个洞都已经挖好了，从今天起，您就可以把枕头垫高，安心地睡觉了！”后来，人们就用“高枕无忧”来形容做任何事情准备周全，感觉很安心、不用害怕的意思。

【出处】《战国策》

【释义】形容做任何事情准备周全，感觉很安心，不用害怕。

【例句】爸爸说：“别以为期末考了满分，就可以高枕无忧，还要努力。”

改过自新

汉朝初期，临淄有一位名叫淳于意的人，他自幼就喜欢钻研医术，曾向名医公乘阳庆学习。公乘阳庆那时已七十多岁，没有儿子，就把自己珍藏多年的秘方和黄帝、扁鹊的医书都传给了淳于意。

淳于意有名师指点，医术越来越高明。三年后，他为人治病，手到病除，许多人都慕名前来求医。

但淳于意却不尽心尽力地为人治病，他喜欢在达官贵人中间周旋，经常不在家，病人想找他也找不到，有时找到他，他也不愿为人治病，所以许多病人都对他不满。

后来，淳于意被人告发了。官府把他抓了起来，押到长安。他的五个女儿见父亲被抓，就跟在后面号啕大哭。

淳于意又急又恼，骂道："我只有女儿，没有儿子，现在遇到急事，也没有人能解救我。"

淳于意的小女儿缇萦听到父亲的话非常伤心，决心去救父亲。她一直跟着父亲来到长安，写了封奏书给汉文帝，信中说："我的父亲做官的时候，当地人都称赞他为人正直、公正廉洁。现在他犯了法要受刑，我痛苦地感到，一个人死了再也不能复活，因受刑而伤残的身体也再不可能复原，虽然有改过自新的愿望，也无济于事了。为了使父亲有改过自新的机会，我宁愿进官府当奴婢，替父亲赎罪。"

汉文帝读了缇萦的书信，为她的一片孝心所感动，就下令赦免了淳于意。

【出处】《史记》

【注解】自新：使自己重新做人。

【释义】改正错误，重新做人。

【例句】我一定改过自新，重新做人。

孤注一掷

宋末元初，元兵中有一员大将名叫伯颜。他善于用兵，率领元军攻克了宋朝许多城池，一直打到汉口附近。

当时，宋将夏贵率领万余艘战舰踞守在长江南岸的各个要害处，又拥有长江天堑之利，元军无法渡江。伯颜接受了部将的建议，打算避开汉口，经沙芜入江。他先派部队围住驻守在汉阳的宋军，声称要攻下汉阳，由汉口渡江。夏贵果然中计，派兵增援汉阳。见宋军上当，伯颜立刻派兵占领沙芜口，同时派人挖开汉口大坝，元军的船队浩浩荡荡从沦河经沙芜口进入长江，直逼军事要塞阳罗堡。伯颜派人到阳罗堡去招降宋军，阳罗堡的宋军将士们对元军使者说："我们受大宋厚恩，应当拼死保卫大宋江山，怎么能当叛徒投降呢？我们已准备好了，要和你们决一死战。大宋的天下，究竟属于谁，就看今日了。就像赌博把全部赌注都押上，输赢就看这最后一回了。"

伯颜见宋军守将坚决不肯认输，就下令向阳罗堡进攻，可连攻三日，一点进展也没有。伯颜就与部下密谋说："宋人以为我们一定要攻克阳罗堡才能渡江，可此堡很坚固，强攻是徒劳的，你带三千铁骑乘船往上游渡江，从南岸抄宋军的后路。"

次日，伯颜领兵继续进攻阳罗堡，而部将阿术趁机率军溯流而上四十里，趁着夜色，登上了南岸。宋军没料到元军会突然从背后冒出来，虽然将士们英勇善战，顽强抵抗，终经不住元军大兵前后夹击、猛烈进攻，被打得大败，将士们死伤无数，守将夏贵乘乱逃走。元军终于越过了长江天堑，为统一江南扫清了道路。

【出处】《元史》

【注解】 注：赌注。孤注：把所有的钱并作一注。掷：赌钱时掷骰子。

【释义】 赌钱人输急了，把全部赌本都押上去，以决最后输赢。比喻在危急时用尽所有力量做最后一次冒险。

【例句】 有时，孤注一掷是一种愚蠢的手段。

汗马功劳

刘邦说过：“治理国家，安抚百姓，给前方运输军粮，我不及萧何。”可见萧何在刘邦心目中的地位的轻重。

汉朝建立以后，刘邦封萧何为赞侯，许多将领都不服气，他们争辩说：“我们出生入死，百战沙场，而萧何未有汗马之劳，不过是动动嘴，要要笔杆子，论功行赏，他怎么反而在我们之上，这是什么道理？”

刘邦见众口一词，却并不慌张，他问大家：“你们知道怎样打猎吧？”众人答道：“知道。”刘邦说：“打猎时，猎狗去追杀野兽，而驱使猎狗追杀的却是人。你们在战争中起的作用是有功的猎狗的作用，而萧何要知道野兽的去处，要让猎狗去追杀，难道这不是大功劳吗？还有，你们一般都是和同族二三人随我打天下，可是萧何让全家族几十个男子都参加了我的队伍，齐心协力打江山，他的功劳，我怎么能忘记呢？”

众大臣见刘邦说得有道理，就不再争辩了。

【出处】《韩非子》

【释义】 汗马功劳原为“汗马之劳”，指从事征战运输的劳苦，后世多作“汗马功劳”。比喻在工作、创业中取得的成绩。

【例句】 在此次战役中，他立下了汗马功劳。

汗牛充栋

唐朝的学者陆质，以毕生精力研究孔子的《春秋》，先后编著了《春秋集传纂例》等多种书，研究成果卓著。

唐宋八大家之一的柳宗元曾师从陆质，学习《春秋》，对老师的研究成果十分敬仰。陆质去世后，柳宗元写了《陆文通先生墓表》，介绍先生毕生的研究。在悼文的开始部分，柳宗元概述了学界研究《春秋》的情况，柳宗元写道：“孔子一千五百年前写了《春秋》，以自己的姓氏为《春秋》作解说的有五家，其中三家最为流行，即《左传》《公羊传》和《穀梁传》，古往今来，有多少人捧着这些书，苦思冥想地为它们作注释，写评论。由于大家各持己见，对同一事件有不同解释，研究者之间就互相攻击、讽刺，因此又写了更多的书。如果把这些书堆放在屋子里，可以从地面一直顶到房顶，如果用车来搬运，就会使牛马累得出汗。由此可见，圣人的书是多么深奥、多么难以理解呵。”

成语“汗牛充栋”就是由此而来的。

【出处】《陆文通先生墓表》

【释义】 现在用来形容书籍极多。

【例句】 老教授家的书真是汗牛充栋啊！

后生可畏

孔子乘车周游列国，一回他在路上碰到三个孩子，其中两个孩子又追又跑，玩得很开心，另一个却站在旁边观看。孔子下车，走到孩子身边问他：“你怎么不跟他们一起玩呢?”那个孩子说：“打打闹闹太激烈了，会伤害人生命的；拉拉扯扯一不小心，就会损坏人的身体。再小心，也有可能撕破衣服，所以我不想和他们一起玩。你觉得奇怪吗?”

孔子觉得这个孩子很有意思，就站在那里看了一会儿。这个孩子自己动手用泥土修了一个城堡，修好以后就坐在里面不出来了。孔子准备坐车走了，那个孩子也不让路。孔子又问他：“我的车要过去，你怎么坐在里面不让路呢?”那孩子答道：“我只听说过车要绕着城走，没听说过城堡要给车子让路的。”孔子觉得这个孩子应变能力很强，很喜欢他，夸奖说：“你这孩子，年纪这么小，懂得这么多道理，真不简单啊！”

那孩子却说：“人们说鱼生下来三天就会游泳；兔子生下来三天就可以到处跑了；而马生下来三天就跟着母马行走。这都是顺其自然的，和年纪大小有什么关系呢？”孔子由衷地感叹道：“一个少年能够明白这么多道理，让人敬畏。将来一定是一个人才。”

【出处】《论语·子罕》

【释义】字面意思是青少年令人敬畏。指青少年是新生力量，朝气蓬勃，很容易超过前辈。赞扬青少年聪明努力，有光明的前途。

【例句】他小小年纪就能写出这样的好文章，真是后生可畏啊！

华而不实

春秋时期，晋国有一位叫阳处父的大臣，长得相貌堂堂，一表人才，初次见面，总是给人家留下很好的印象。

一次，他出使到卫国去，办完事后返回晋国。在途中，路过宁邑（今河南获嘉县）时，住在一家客店里。这家店主姓赢，他见阳处父仪表不俗，举止不凡，顿时产生了好感，对他照顾得热情周到，无微不至。晚上，店主对妻子说：“我早就想投奔一位品德高尚的人，也好干一番事业。这么多年来，我一直留意这样的人，却总是没找到。今天来的这个阳处父我看挺不错，像个成大事的人，也许正是上天派来引导我的吧，我决定跟他去了。”

次日，店主征得阳处父同意后，就告别妻子，跟他走了。

不久，店主突然又回到了家中。妻子见丈夫走了没几天就回来了，很奇怪，就问他："你好不容易遇到这么个人，怎么才走几天就回来了呢？"

店主说："我见这个人相貌堂堂，就对他产生了好感，可是通过这几天的接触，我发现他思想偏激，而且夸夸其谈，不干实事，华而不实，这样的人容易和别人结怨，不会有好下场。我担心跟着他，非但不能获益，反而会遭受祸害，所以，还是趁早离开他吧。"

后来，阳处父果然被人杀了。

【出处】《左传》

【注解】华：同"花"。实：果实。

【释义】原意为光开花不结果。后来比喻表面好看，内容空虚。

【例句】他昨天买的那个沙发是华而不实的东西。

画饼充饥

三国时期，魏国有一位大臣名叫卢毓，他家境贫寒艰难，可是他刻苦学习，靠自己的才学当上了魏国的侍中，专门为皇帝服务。三年后，升为中书郎，掌管机要文件，发布各种政令，后来又被任命为吏部尚书，负责官员的升降、调动或任免。

因为卢毓为官清廉、品学兼优，深受各阶层人士的爱戴，魏文帝也常常征求他的意见。当他升为吏部尚书时，中书郎位置空缺，魏文帝对他说："你一定要找到合适的人选，中书郎位置很重要。不要只选那些有名气而没有真才实学的人，名气就像地上画的饼，不能解除人的饥饿。”

卢毓说：“陛下说得对，选拔人才确实不能单看名气。不过我觉得名气也能反映一定的实际情况，名气也是选拔人才的参考条件。如果一个人道德品质高尚，能力强又很有名气，就不能不选他。陛下反对单看名气选拔人才是对的，但也不能一听是有名气的就讨厌。我想应该建立对官员的考核制度，以衡量他们的真实才能和品格。”

魏文帝认为卢毓建立官员考核制度的建议很好，就采纳了这个建议。而魏文帝说过的“画饼充饥”就流传下来。

【出处】《三国志·魏书》

【释义】原指在地上画饼填腹解饿。比喻虚假的东西于事无补，也比喻徒有虚名，不能解决实际问题，或用空想来自我安慰。

【例句】如果没有实际行动，再好的计划也只能是画饼充饥。

黄粱一梦

唐朝开元时期，卢生去京城赶考，傍晚来到一家旅店住宿。

店主正在煮黄米饭，店中还有一个道士吕翁。

卢生上前与吕翁攀谈，两人谈得很投机。

卢生慷慨激昂地说：“大丈夫应当出将入相，我却一事无成！”

吕翁笑着说：“这个不难。”说着，他取出一个枕头。吕翁对卢生说：“你枕上这个枕头睡一觉，就会称心如意。”

卢生将信将疑，接过枕头，和衣睡下，很快便进入梦乡。

他梦到自己中了进士，还娶了漂亮的崔姑娘为妻。后来，他当上河西节度使，击败吐蕃，得胜而归，成了宰相。不料奸臣告他谋反，皇帝下令逮捕他，把他流放到远方。几年后，皇帝为他平了反，让他官复原职，还赐给他许多珍宝。卢生活到八十余岁，子孙满堂，享尽了荣华富贵。

卢生一觉醒来，发现自己还睡在旅店里，旁边坐着吕翁。再看看灶台，店主人煮的黄米饭还没熟呢！

【出处】《枕中记》

【注解】黄粱：黄小米。

【释义】指在小米饭还没有煮熟的短暂时间里做了一场好梦。比喻虚幻、空想的事和欲望的破灭。

【例句】不经思考提出的问题，就算得到答案，也不过是黄粱一梦。

汗流浃背

汉大将军霍光，是汉武帝的托孤重臣，辅佐八岁即位的汉昭帝执政，威势很大。霍光身边有个叫杨敞的人，行事谨小慎微，颇受霍光赏识，升至丞相职位，封为安平侯。其实，杨敞为人懦弱无能，胆小怕事，根本不是当丞相的材料。公元前74年，年仅二十一岁的汉昭帝驾崩于未央宫，霍光与众臣商议，选了汉武帝的孙子昌邑王刘贺做继承人。谁知刘贺继位后，经常宴饮歌舞，寻欢作乐。霍光听说后，忧心忡忡，与车骑将军张安世、大司马田延年秘密商议，打算废掉刘贺，另立贤君。计议商定后，霍光派田延年告诉杨敞，以便共同行事。杨敞一听，顿时吓得汗流浃背，惊恐万分，只是含含糊糊，不置可否。杨敞的妻子，是太史公司马迁的女儿，颇有胆识。她见丈夫犹豫不决的样子，暗暗着急，趁田延年更衣走开时，上前劝丈夫说："国家大事，岂能犹豫不决。大将军已有成议，你也应当速战速决，否则必然大难临头。"杨敞在房里来回踱步，却拿不定主意。正巧此时田延年回来，司马夫人回避不及，索性大大方方地与田延年相见，告知田延年，她丈夫愿意听从大将军的吩咐。田延年听了后高兴地告辞走了。田延年回报霍光，霍光十分满意，马上安排杨敞领众臣上表，奏请皇太后。第二天，杨敞与群臣拜见皇太后，陈述昌邑王不堪继承王位的原因。太后立即下诏废去刘贺，另立汉武帝的曾孙刘询为君，史称汉宣帝。

【出处】《汉书·杨敞传》

【注解】浃：湿透，出汗多，湿透脊梁。

【释义】形容满身大汗。也形容极度惶恐或惭愧过度。

【例句】爸爸收割回来了，我看到他汗流浃背的样子，马上倒了一杯茶迎上去。

鸡鸣狗盗

战国时期，齐国的孟尝君很有名气，秦昭王听说后，派人将孟尝君请到秦国，想拜他为丞相。但是等他来到后，又因其特殊身份，考虑其中利害而软禁了他。

孟尝君得知此事，十分着急，急忙派人拿了贵重的礼物贿赂秦昭王的宠姬燕姬。可是燕姬对孟尝君送来的礼物连看都不看，非要那件白狐皮袍子。

孟尝君这下可为难了。白狐皮袍子已经作为礼物送给秦王了，而这袍子只有一件。

这时，孟尝君的手下——一位门客上前对他说："这有何难，我扮成狗去将那袍子偷回来就是了。"孟尝君无计可施，也只好这样做了。

这一招果然奏效，燕姬收了白狐皮袍子，十分高兴，便说服秦王放了孟尝君。

孟尝君获大赦，他怕秦王反悔，赶忙带上门客趁天黑赶路返回。当他们走到边境函谷关时，天还未亮，城门紧闭。因为按照规定只有鸡鸣才能开关。

一行人在这里着急地等待，秦国的军队随时都可能追过来。这时，又是那个门客站出来，撅起嘴巴，学起鸡叫来。这招还真灵，附近的公鸡听到叫声，纷纷啼叫起来，守卫的士兵听到鸡叫，以为天快亮了，赶忙验看了孟尝君等人的凭证，放他们出去了。

后来，秦王果然反悔了，等他派人追赶时，孟尝君早已出关了。

【出处】《史记》

【释义】原意是指装做鸡叫骗人，装做狗去偷东西。后来常比喻不正当的小把戏，或是微不足道的小技能。

【例句】他并非鸡鸣狗盗之辈。

鸡犬不宁

唐朝中期，政治上非常混乱，宦官专权再加上藩镇割据，统治者拼命地搜刮民脂民膏，挥霍享乐，穷兵黩武。

劳动人民困苦不堪，处于水深火热之中。805年，柳宗元被贬到永州担任司马。在做司马期间，柳宗元更加深入地接触到了唐朝社会，目睹了民间哀鸿遍野的悲惨景象。

永州产一种毒蛇，这种蛇的毒性很大，只要它爬过的地方，草木都会枯死；如果人被它咬了一口，就没办法医治了。可是，这个地方却偏有不怕死的人，他们不但不怕这种剧毒的蛇。而且专以捕这种毒蛇为生。一次，柳宗元遇到了这样一位捕蛇者，他祖孙几代人都以捕蛇为生。他的父亲和祖父都是被毒蛇咬死的，而他却还死不悔改，继续以捕蛇为业。柳宗元感到很奇怪，便问他："这样多危险啊！不但如此，又让你劳累不堪。你为什么还要捕蛇呢？"

捕蛇人叹了一口气，说："您说的对，这个行当确实很不好，但是比起那些种田人却要好出几倍。您刚到这儿，好多事您还不了解。那些以种田为业的人们更困苦。他们要拿出自己土地上所有出产的东西交纳租税，自己只能忍饥挨饿，顶风冒雨，甚至惨死路边。那些与我祖父同时居住在这里的人，十家中现在只剩下一家了；与我父亲一起居住在这里的人，十家中也只剩下两三家了；和我在一起居住了十二年的，十家中也剩下不到四五家了。他们大多数都逃亡了，有的为生活所迫，只得搬走了。我现在留在这里，还算是很幸运的呢！”

柳宗元纳闷，问他：“这是怎么回事呢？”

捕蛇者气愤地说：“都是那些凶狠的官吏逼的。他们常来乡里，气势汹汹地催交各种赋税，担惊受怕的不仅仅是人，就是村子里的鸡狗动物们也不得安宁。而我比起来真是幸运多了，每年只要交几条蛇就可以了。因此，我宁可冒着生命危险去捕蛇，也不愿意去种田。”

柳宗元听后，深感震惊，写下了一篇著名散文《捕蛇者说》，对当时的社会进行了无情的揭露。

【出处】《捕蛇者说》

【释义】用来形容骚扰得很厉害，连鸡和狗都不得安宁。

【例句】他把这个地方搅得鸡犬不宁。

疾恶如仇

西晋时期，统治阶级内部腐败现象十分严重，里里外外，从大到小，各级官吏，奢侈无度，互相攀比。单是晋武帝司马炎就有宫女近万人，有些大官僚，一天的饭费竟以万计，他们挥霍无度，用白蜡当柴烧，茅房里放上高级香料。

此事引起了清廉之士的不满和忧虑。当时，有一位叫傅成的人，武帝、惠帝执政时，都在朝中做官。他为人正派，敢于直言，不畏权势，敢于揭露和批判邪恶。傅成多次上书给武帝和惠帝，主张裁并官府。他尖锐地指出："奢侈之费，甚于天灾。"由于他的劝谏和批评，朝廷罢免了一些官吏，因此使京城的官吏们有所收敛，有所惧怕。傅成大胆地揭露官僚权贵们的弊端，并与之作坚决的斗争，很多人深为敬重。人们赞扬他疾恶如仇。

【出处】《晋书·傅成传》

【释义】痛恨坏人坏事如同痛恨仇敌一样。

【例句】王叔叔是刚正不阿、疾恶如仇之人。

寄人篱下

南齐时期，有一位叫张融的读书人，博学多才，不过此人自命清高，生性怪僻，举止奇特，总是与众不同。

萧道成在没当皇帝时，就特别欣赏张融的品格和才学，千方百计地和他交上了朋友，并且经常对别人说，像张融这样的人才，是必不可少的，但也不可多得。后来，萧道成建立了南齐政权，他常与张融探讨有关文学艺术方面的问题。

有一天，两人讨论起书法，萧道成对张融说：

"你的书法颇有骨力，但还缺少晋代书法家王羲之和王献之父子二人的法度。"

张融对萧道成的评价很不服气，说："您只知怨我缺少二王的法度，怎么不怨二王缺乏我的法度呢？”

张融不但主张书法要有自己的风格，而且主张写文章也要有独创性，勿人云亦云。他在一篇文章的序文中写道：作为男子汉大丈夫，作文章理当如孔子删编《诗》《书》、制《礼》《乐》那样，充分发挥自己的创造性，何必因袭他人，像鸟雀寄居于人家的篱笆下面那样呢？

成语“寄人篱下”由此得来。

【出处】《南齐书·张融传》

【释义】原意是指文章著述因袭他人。后指依附于他人门庭之下生活，比喻那些依附别人，不能自立生活的人的处境。

【例句】他跟着姑姑生活，虽是寄人篱下，但姑姑对他很好。

价值连城

春秋时，有一位楚国人名叫卞和。有一天，他在荆山发现一块玉璞。这块玉璞外面包着一层石质，只要把石质剔去，就能雕琢成世间罕见的玉璧。卞和是个诚实的人，就抱着玉璞来到王宫，献给楚厉王。楚厉王让手下大臣们传看，大臣们看来看去，都说是一块石头。楚厉王非常生气。这时卞和请求让雕玉的技师检验。雕玉的技师来后，见这块玉璞很大，便十分肯定地说这不是玉，是石头。楚厉王气坏了，给卞和定下欺诳君王的罪名，命令武士砍掉卞和的左脚。卞和为此非常伤心。楚厉王死后，楚武王即位，卞和以为武王一定会识得宝物，便又带着玉璞来献给武王。武王让手下大臣传看以后，又亲自观察那块玉璞，怎么看也不像玉。于是把雕玉的技师叫来，让他鉴别。那个技师一口咬定是石块，这下武王大怒，下令砍掉卞和的右脚。

武王去世后，文王即位。卞和不再去王宫了，而是抱着玉璞在荆山下痛哭。他连哭了三天三夜，泪水都哭干了，流出血来。这个消息传到王宫，文王知道后派人去调查此事。派去的人问卞和，这样伤心的哭是不是因为两只脚被砍掉的缘故。卞和止住痛哭，理直气壮地说："我不是为自己痛哭，我悲伤的是：明明是天下无双的玉璧，却被认为是石头，白白地被埋没了；明明是诚实的人，却被认为犯了欺君之罪，这没有天理啊！"卞和的话传给文王后，文王立刻召他进宫，命令雕玉技师剔除玉璞外面的石质。经过技师的雕琢，文王终于得到一块晶莹的玉璧，果然世间稀有，价值连城。文王把这块玉璧当做国宝，称为"和氏璧"。

战国时，赵国得到了这块和氏璧。秦王知道后，假惺惺地要用十五座城池同赵国换这块玉璧。赵王怕得罪秦国，派蔺相如带着玉璧到秦国去同秦王交涉。蔺相如不辱使命，完好无损地带着和氏璧回到了赵国。

【出处】《韩非子》《史记》

【注解】连城：连成一片的好多城池。

【释义】形容物品十分珍贵。

【例句】这件珠宝价值连城，许多人都想买到它。

江郎才尽

江淹是南北朝时期著名的文学家，曾连续在宋、齐、梁三代做过官，担任过好多官职。

江淹年轻时，家中非常贫困。由于父亲早逝，所以他很小的时候，就上山砍柴，靠卖柴来维持生活。尽管条件艰苦，江淹仍然发奋读书。由于他刻苦自学，写出好多非常精彩的文章和诗篇，世人读了，各个称赞，他的名气很快传扬开了，最终受到朝廷的器重。

可是到了晚年，江淹的才思大大减退，写出的文章平平淡淡，没有文采，诗篇也再没有佳句出现。人们都摇着头说："江郎才尽了。"

如果探究原因，大概是江淹后来做了大官，公务繁忙，没空去写诗著文吧。而且在他享有盛名以后，地位变了，生活富裕了，也就不再刻苦学习了，自然就大大退步了。

当时有关江淹的神话传说，道出了一个离奇的答案。有一天，江淹寄宿在禅灵寺。夜晚他做了一个奇怪的梦，梦见有一个人走来对他说："从前，我把一匹锦缎寄存在你怀里，如今已有很长时间了，请你还给我吧！"江淹摸摸怀里，果然有一匹光彩绚丽的锦缎，他不由自主地拿出来。还给了那个人。醒来后，江淹感到腹中空空，拿起笔来，便写不好文章了。

还有人说，江淹晚上在冶亭住宿，夜晚走来一位俊秀的男人，笑着对他说："我是晋朝的文学家郭璞，当初我把一支笔留给了你，今天我是来要笔的，请还给我吧。”江淹向怀中一摸，果然有支笔，取出来一看，竟然是一支五彩笔。江淹就把笔交还给了那个人。从此，江淹写作便每况愈下了。

【出处】《南史》

【注解】江郎：指南朝人江淹。

【释义】原指江郎年轻时有文名，晚年诗文无佳句。后常比喻才思减退。

【例句】果戈理《死魂灵》第二部最终没写成，并非江郎才尽，而是由于他远离了俄国社会生活。

骄兵必败

西汉时期，汉军常在周边地区和匈奴的军队发生战争。在公元前68年汉军攻下了车师，匈奴认为车师土地肥美，不可不夺，于是派骑兵袭击车师。

得知此事，汉宣帝赶忙召集群臣商议对策。丞相魏丞对汉宣帝说：“近年来，匈奴并没侵犯我们的边境。边境上的老百姓生活困难，怎么能为了一个小小的车师去攻打匈奴呢？况且，我们国内还有很多的事要做，不但有天灾，还有人祸。官吏需要治理，违法犯罪的事也在增多，现在摆在我们眼前的事情不是去攻打匈奴。而是整顿朝政、治理官吏，这才是大事。”

接着，魏丞又指出了攻打匈奴的错误主张的危害：

“如果我们出兵的话，即使打了胜仗，也会后患无穷。仗着国大人多而出兵攻打别人，炫耀武力，这样的军队就是骄横的军队。而骄横的军队一定会灭亡的。”

汉宣帝采纳了他的建议。

【出处】《汉书·魏相传》

【释义】骄横的军队必定要失败。

【例句】古人云：“骄兵必败。”这正是曹操败于赤壁的根本原因。

举棋不定

在春秋期间，卫国的大夫孙文子和宁惠子发动军事政变，将卫献公赶下台，立卫殇公为国君。

可是，宁惠子临死前觉得自己做错了，于是将儿子宁悼子叫到身边对他说：“儿啊！当时父亲一时鲁莽，驱逐了国君。现在我知道做错了，看来，只有你能帮父亲改正错误了，去把卫献公接回来吧。”说完就死了。

一直流亡在国外的卫献公听说宁惠子已死，便准备复国。他派人同宁悼子联系，并许诺自己回国后一定要让宁悼子掌权，自己不管朝政。

宁悼子有些心动，于是和众大臣们在一起商议。

大家都反对宁悼子做这样的蠢事。其中一位大夫说：“十二年前，你们宁家驱逐了卫献公，并没什么过错。可现在又要接卫献公回来，我想这会非常危险。就如同下棋，棋手如果举棋不定就会遭到失败。对待一个国君的废与立也是一样的，犹豫不决就会招来灭族之祸。”

宁悼子独断专行，不听劝说，迎回了献公，反而被献公用计除掉。

【出处】《左传》

【释义】原意指举起棋子不知走哪一步好，后来常用以比喻遇事优柔寡断，拿不定主意。

【例句】这件事他很为难，一直举棋不定。

开诚布公

三国时，蜀汉的丞相诸葛亮极得皇帝刘备的信用。刘备临终前，曾将自己的儿子刘禅托付给他，请他帮助刘禅治理天下，并且诚恳地表示：“你能辅佐他就辅佐他，如果他不好好听你的话，干出危害国家的事来，你就取而代之。”

刘备死后，诸葛亮尽全力帮助平庸的后主刘禅治理国家。有人劝他晋爵称王，他严词拒绝，并认为自己受先帝委托，已经担任了这么高的官职；如今讨伐曹魏没见什么成效，却要加官晋爵，这样做是不义的。

诸葛亮待人处世公正合理，不徇私情。马谡（sù）是他非常看重的一位将军，在攻打曹魏时当前锋。因为违反节制，失守街亭，诸葛亮严守军令状规定，忍痛杀了他。马谡临刑前上书诸葛亮，说自己虽然死去，在九泉之下也没有怨恨。诸葛亮自己也为失守街亭等承担责任，请求后主批准他由丞相降为右将军。他还特地下令，要下属指出他的缺点和错误，并批评他。这在当时是罕见的。

234年，诸葛亮病死于军中。他一生清贫，并无什么产业留给后代。

【出处】《三国志·蜀书·诸葛亮传》

【释义】人们要“开诚心，布公道”，简为成语“开诚布公”，用来比喻诚意待人，坦白无私。

【例句】让我们开诚布公地谈一谈，把问题解决一下。

开门揖盗

在东汉后期，江东一带是孙策的势力范围。吴郡太守许贡暗中派人给汉献帝送信，建议调走孙策以除后患。不料送信人被捉获。孙策大怒，绞死了许贡。许贡有三个门客，决心为许贡复仇。趁孙策在丹徒西山行猎的机会，向他袭击，孙策脸上中了一支毒箭。回家后，孙策箭伤发作，临死前将印绶留给弟弟孙权。孙策死后，孙权十分伤心，悲痛不止。长史张昭劝他说："现今奸邪作乱的人互相争夺，豺狼当道，如果只顾悲哀，讲究礼节，而不去考虑大事，这就像打开大门拱手迎接强盗进来一样，岂不自招祸患！"听了张昭的劝说，孙权止住悲伤，换上衣服，上马视察军队。东吴有了新主，人心稳定。后来与蜀、魏形成三国鼎立的局面。

【出处】《三国志》

【释义】 打开大门，拱手迎接强盗进来。比喻引进坏人，自取祸患。

【例句】 我是你徒弟，开门揖盗，岂不是私通叛寇？

开天辟地

在上古期间，宇宙处于混沌之中。就在这片混沌之中，孕育了人类最早的祖先——盘古。

盘古刚出生时，世界上没有光明。盘古可忍受不了这些，他用一只斧头向这片混沌劈去。只听得轰隆一声，这片混沌的东西被分成了两半。

其中较轻的阳气上升，变成了高高在上的蓝天；而那些较重的阴气下沉，变成了广阔辽远的大地。因此，天和地就形成了。盘古出世后，他头顶蓝天，脚踏大地，立于天地之间。后来人们就用顶天立地来形容一个人的伟大。随着盘古一天一天地长大，天和地之间的距离也就一天一天地增加。

这样又有一万八千年过去了，天和地就变成了今天的样子。盘古这个顶天立地的巨人，他让天和地之间由一团混沌，变成了上有天，下有地的空间，他自己也变成了一个九万里高的巨人。

盘古造出了天和地，他就是天和地的主宰。在天上，一切天气的变化都与他有关：他叹气，天地之间就狂风大作；他发怒，天空就会阴云密布；他发出鼾声，空中就会雷声隆隆；他哭泣，天空就会大雨瓢泼；而当他高兴的时候，天空就会万里无云……在地上，自然的一切都是他死后的遗迹。我国中原的五岳就是他身体的各个部位变来的：东岳泰山是他高昂的头；西岳华山是他的脚；中岳嵩山是他隆起的肚子；而南岳衡山和北岳恒山则是他的两个肩胛。甚至他的头发和汗毛也全变成了树木和花草。

【出处】《艺文类聚》

【释义】原来指盘古创造天和地，后来指“有史以来”的意思。

【例句】虽然开天辟地的盘古不在了，但他的精神永存。

空前绝后

晋朝时期有一位名叫顾恺之的人，他文采出众，才气超人，绘画更是炉火纯青，是个多才多艺的人。其人物画形象逼真，栩栩如生。与众不同的是，他画人物，从来不先点眼珠。有人问其原因，他说："人物传神之处，正在这个地方。"一语道出了其中的诀窍，令人叹服。当时他被人称为三绝：才绝、画绝、痴绝。南北朝时的梁朝，又出了一位叫张僧繇的大画家。他擅长画山水、人物、佛像，在当时名气很响。梁武帝建了很多寺庙佛塔，都命他作画。据说，有一次，他在一个寺庙的墙上画了四条龙，却没有给龙点眼珠。旁人问他为什么不点上眼珠，他说："恐怕点了眼珠，这些龙会破壁飞去。"众人不信，坚持要他试一试，他便点了两条，这两条龙果然破壁飞去。这一传说虽夸张得近于荒诞，却说明了他作画的技艺是很高超的。到了唐朝时期，又出了个更有成就的画家——吴道子，集绘画、书法大成于一身。他的山水、佛像画闻名当时，而且写得一手好字，有"书圣"之称。据传说，他曾为唐玄宗画巨幅嘉陵江图，几百里的山水竟在一天内画好了。他在景玄寺中画了地狱变相图，不画鬼怪而阴森逼人，相传看过这幅画后改过自新、弃恶从善的大有人在。

后来有人评价这三个画家时，认为顾恺之的画成就超越前人，张僧繇的画成就后人莫及，而吴道子则兼有两人的长处。

【出处】《宣和画谱》

【释义】以前不曾有过，今后不会再有。形容超绝古今，独一无二。也作"光前绝后"。

【例句】《红楼梦》在中国文学史上堪称空前绝后的佳作。

口若悬河

晋朝时期，有一位叫郭象的人。他早年不慕仕途，潜心研究学问，是个难得的博学多才之人。

那时的朝廷求贤若渴，怎肯放过颇有才学的郭象？于是，晋君三番五次派朝中重臣不辞辛苦、不厌其烦地游说郭象入仕，为国家效力。他实在推辞不掉，只得答应了，到朝中做黄门侍郎官。

到了京城之后，因为他学识渊博，能够把道理讲得头头是道，而且他又喜欢尽情发表自己的见解，加之他说话诙谐幽默，所以人们喜欢听他妙趣横生的谈论，无论他谈什么，人们都会觉得津津有味。

那时任太尉的王衍对老、庄玄理也颇有研究，他对郭象渊博的学识、独到的见解及雄辩的口才大为赞赏，常常称赞说：

“郭象的讲话，犹如悬在山间的河流泻水，滔滔不绝倾泻而下，从来没有枯竭的时候。”

【出处】《世说新语·赏誉》

【释义】原意指人讲起话来就像倒悬的瀑布一样倾泻直下，滔滔不绝。用来比喻一个人口才好，能言善辩，也比喻十分健谈。

【例句】这个主诗人说起话来口若悬河，滔滔不绝。

脍炙人口

春秋时期，孔子门徒曾参因其父爱吃羊枣，待父死后不忍再吃羊枣，被传为佳话。

到了战国时期，孟子的弟子公孙丑对这件事大为不解，就向老师孟子请教。公孙丑问：

“老师，脍炙和羊枣，哪一个好吃？”

“当然是脍炙好吃，没有哪个人不爱吃脍炙的！”

公孙丑又问：

“怪了，曾参和他父亲都一样非常爱吃脍炙，曾参为什么不把脍炙戒掉，而只戒吃羊枣呢？”

孟子笑着说：“脍炙，是大家都爱吃的；而羊枣的滋味虽说比起脍炙来稍差一点，但却是他父亲特别爱吃的东西。所以曾参只戒吃羊枣。好比对长辈只忌讳叫名字，不忌讳称姓一样，姓有相同的，名字却是自己独有的。”

听了孟子的话后，公孙丑明白了其中的道理。

后人从孟子所说的“脍炙，所同也”引申出“脍炙人口”这则成语。

【出处】《孟子·尽心下》

【释义】原意是指人人爱吃的细肉和烤肉。后人常用它来比喻人人赞美的事物和传颂的人。

【例句】李白留下了许多脍炙人口的好诗！

老当益壮

东汉的名将马援，自幼就胸怀大志，立志高远，不甘落后。年轻时，他曾做过扶风郡的督邮。一次，郡守派他把犯人押送到长安，可他觉得这个犯人好可怜，不忍心把他送去受死，于是半路上他就偷偷地把犯人给放了。由于他没有完成任务，只好弃官而逃，跑到北方郡躲了起来。过了不长时间，碰巧赶上皇帝大赦天下，以前的一切罪过都不再追究。于是他安心地在那里经营畜牧业和农业生产。由于他做事情有恒心和毅力，他的事业很快就发展起来了。

不久之后，马援就有了大批的牲畜和大量的土地，成了一个大畜牧主和大地主。但是，他并没有满足于生活上的富裕，而是把自己的财产都分给了他的兄弟和朋友们。他说："一个人要有远大志向，一辈子做个守财奴，太没意思了！"

他常常对朋友说："做个大丈夫，就一定要'穷当益坚，老当益壮'。"也就是说人越穷困，志向就要越坚定，越年老，志气越要雄壮，总是停滞不前肯定是不行的！之后，马援成了东汉有名的将领，为光武帝立下了很多汗马功劳。

【出处】《后汉书》

【释义】 用来形容年纪虽老，志气反而更加豪壮。

【例句】 人们都称赞爷爷是老当益壮。

老骥伏枥

东汉后期的曹操，在年轻时曾做过下级军官，在消灭董卓的势力和平息黄巾军起义过程中逐步扩大了自己的势力，后来成为汉献帝的丞相。他采取“挟天子以令诸侯”的办法，先后消灭了吕布、袁术、袁绍、刘表等地方军阀，逐步控制了北方的大部分地区。在这些地区，他注意发展生产，限制土地兼并，为社会的安定和以后统一全国奠定了基础。

当时汉朝东北边境，有一个奴隶制的少数民族——乌桓，曹操消灭了袁绍的势力以后，袁绍的两个儿子就投奔到了那里，想借机东山再起。另外，乌桓的首领，也经常趁着中原混乱的机会入侵汉朝的领土，不仅掠夺大量的财物，而且抓走许多汉人去做奴隶。于是，曹操为了彻底消灭袁绍的残余势力和稳定东北地区的边境，在公元207年亲自统率大军征讨乌桓。

当时曹操已经五十三岁了。古人认为：五十而知天命，人到了五十岁就已经逐渐衰老了，距离死亡也就不远了。曹操当时也认识到了这一点，但他并没有因为年老力衰而意志消沉，而是以一种豪迈的气概面对自己要完成的事业，继续实现自己建功立业的抱负。经过几个月的激烈战斗，曹操终于在白狼山战斗中取得了决定性的胜利。他杀死了乌桓的头领蹋顿，二十万乌桓人也被迫投降。在带领大军凯旋的途中，曹操有感而发，写出了一首气势豪迈的长诗，这就是著名的《步出夏门行》，这首诗写道："神龟虽寿，犹有竟时。腾蛇乘雾，终为土灰。老骥伏枥，志在千里。烈士暮年，壮心不已。"意思是：曾经驰骋战场的骏马，虽然年老力衰卧在马槽旁，但它的心仍向往一日千里的飞奔。胸怀远大理想的斗士，虽然已到了生命中的垂老时刻，但生命不息，他那颗奋勇拼搏的心就一刻也不停止！通过这些诗句，我们不仅可以看到曹操的文学才华，更可以体会到他那豪迈的气概和伟大的奋斗精神。

【出处】《步出夏门行》

【释义】 老骥伏枥是指衰老的骏马即使卧在马槽旁，心也向往着一日千里的飞奔，人们用这个成语比喻人虽然年老，但仍保持着雄心壮志、从不服输的斗志与精神。

【例句】 我不怕困难，不怕失败，自以为有老骥伏枥的壮志。

老马识途

在春秋时期，齐桓公不计前嫌，任管仲为相。管仲为齐桓公的宽阔胸怀所感动，尽心尽力帮助齐桓公，很快齐国就强大起来，经过一番努力，齐桓公在诸侯各国中取得了盟主的地位。一次，齐桓公带兵攻打入侵燕国的山戎，相国管仲和大夫隰朋随同前往。后来山戎败退到孤竹国境内，齐军深入，最终征服孤竹国大获全胜。当他带着大军高兴地回国时，没想到的事情发生了。齐军走着走着竟迷失了道路。因为出征时正是春暖花开的季节，而如今已是北风呼啸的寒冬。来时还有茂密的树林，现在却尽是枯枝败叶；来时那遍地的鲜花，现在全是茫茫的白雪。来时道路上的痕迹一点儿也找不到了。齐军找不准回去的方向，被困在山里，处境十分艰险。此时，大臣管仲想出了一个办法，他让士兵选出几十匹从齐国出征时带来的老马，集中在一起，让骑手们不去驾驭它们。让马匹在前边带路，大军紧紧地跟在这些马匹的后面。奇迹终于出现了，这群老马为齐军找到了方向，把他们带回了齐国。

【出处】《韩非子·说林上》

【释义】现在一般用于比喻有经验的人熟悉情况，了解规律。

【例句】他在这方面是老马识途，必能胜任这个工作。

乐不思蜀

在三国期间，蜀主刘备死后，丞相诸葛亮辅佐后主刘禅治国。刘禅是个胸无大志、才学浅薄的人，把一切政事都交给诸葛亮处理，自己整天轻松快活。后来诸葛亮率军北伐，死在兵营，蜀国政事就由姜维代劳。

魏国的司马昭见姜维在外率兵作战，蜀都空虚，刘禅又昏庸无能，认为这是灭掉蜀国的大好机会。于是兵分几路征伐蜀国，不久就打到成都城外。蜀后主刘禅心惊胆战，便向魏军投降，一家老小也被蜀军带回魏都洛阳。刘禅担心魏元帝曹奂会杀了他，谁知曹奂对他好言安抚，封他为安乐公，还赏赐给他大片土地和许多奴婢，连他的子孙也都封了官。刘禅受宠若惊，自此安心享乐，也不把亡国之辱放在心上。司马昭对刘禅不信任，想试一试他有无复国之心。一次，司马昭大摆宴席，把刘禅和他的旧部下请来赴宴，还专门叫来戏班子演唱蜀国的戏。刘禅的旧部下听到熟悉的乡音，都很悲伤。

可是刘禅依旧谈笑饮酒。司马昭看在眼里，悄悄对坐在旁边的官员说："你看，一个人没有感情竟然到了这种地步！像他这样的人，即使诸葛亮活着也无计可施，何况姜维呢！"不久后，司马昭去看望刘禅，问他："你很想念蜀国吧？"刘禅笑嘻嘻地回答说："这儿快乐得很，我不想念蜀国（乐不思蜀）。"后来这件事被郤正听到了，他立即对刘禅说："司马昭以后再这样问你，你应该哭着说：'祖先的坟墓都在蜀地，这令我十分想念！'"刘禅点点头。

过了几天，司马昭又问刘禅这个问题，刘禅照郤正的话说了一遍。司马昭大笑起来，说："这是郤正教你这样说的吧？"刘禅吃惊地说："对啊，你怎么知道的？"周围的人一齐哄笑起来。

【出处】《三国志》

【注解】乐：快活。蜀：三国时国名。

【释义】比喻乐而忘本或乐而忘返。

【例句】爷爷第一次去桂林游玩，玩得乐不思蜀，不想回家了。

励精图治

公元前74年，西汉的昭帝去世后，霍光立刘询为帝，就是汉宣帝。

霍氏家族凭着自己的势力胡作非为，使得民怨沸腾，朝中的官员也是敢怒不敢言。公元前68年，霍光去世，早对霍家不满的御史大夫魏相认为这是一个好机会，于是就向宣帝建议采取措施，削弱霍氏的势力。霍家的人听到此事非常恐惧，就假借太后的名义，准备先杀魏相，然后废掉汉宣帝。宣帝知道后，决定先发制人，将霍氏家族满门抄斩，其党羽也做了处置。

除去了霍家的势力，宣帝在治理国家方面少了许多阻碍。从此，他振作精神，勤于朝政，努力把国家治理得繁荣安定。他广开言路，注意考核和选拔有能力的人才，还减少苛捐杂税，鼓励发展农业生产。魏相也带领着文武百官努力为朝廷效力，一时间出现了政通人和的气象。

宣帝通过自己的勤勉，又有魏相等人的配合，采取了一系列措施，终于取得了明显的效果。在他统治的25年间，本来已经衰落的西汉王朝又出现了繁荣兴旺的局面。

【出处】《汉书·魏相传》

【释义】振奋精神，想办法把国家治理好。

【例句】他在几位大臣的辅佐下，励精图治，把国家治理得很好。

厉兵秣马

在春秋时期，晋国和秦国联合出兵攻打郑国。郑国的大夫烛之武在危急之中，只身一人冒死来到秦营，劝秦国国君不要上晋国的当，因为郑国灭亡了也就削弱了秦国的势力。秦国国君觉得有理，便下令撤军回国，又派三员将领杞子、逢孙、杨孙带领一部分队伍帮助郑国守城。秦军撤退后，晋军只好跟着收兵回国。这样，杞子等三位将领就留在了郑国。

两年以后，杞子派人暗暗送给秦国国君一封密信，说他们已经掌握了郑国都城北门的钥匙，请秦军速来偷袭郑国国都，他们积极做好内应。秦国国君非常高兴，不顾老臣蹇叔的反对，当即派孟明视等将领率领大军去偷袭。秦国离郑国有千里之遥，秦军毫无顾忌地通过周天子的京城洛阳，长途行军，来到离郑国不远的滑国境内。这时郑国的商人弦高正赶着一群牛到洛阳去做生意，在滑国遇上了东进的秦军，立刻明白秦军是要去偷袭自己的国家。他急中生智，假扮郑国的使者迎向秦军，献上四张熟牛皮和十二头牛，对秦军说："我国国君听说你们远道而来，十分辛苦，特命我前来迎接，犒劳贵军。"孟明视以为郑国早有防备，只好停止进军。弦高一面应付秦军，一面派人火速向郑国报信。

郑穆公得到弦高的紧急情报，立即下令做好战斗准备，同时派人去北门察看秦国驻军的活动。这时杞子等人已经带领部下做好了作战的准备，他们磨好了武器，喂饱了马匹（厉兵秣马），正准备动手。郑穆公立刻派大夫皇武子去见杞子，宣布他们是不受欢迎的人。杞子见阴谋败露，只得仓皇逃走。

郑穆公做好迎战的准备，严阵以待。孟明视眼看偷袭郑国的计划落空，只好把小小的滑国抢劫一空，领兵回国。谁知他们撤退时，晋军早已埋伏多时，秦军措手不及，被打得溃不成军，孟明视等三名将领全部被晋军活捉。

【出处】《左传》

【注解】厉：同“砺”，磨。兵：武器。秣：喂草料。

【释义】磨好武器，喂饱马匹。指做好了战斗准备。

【例句】各路军队皆已厉兵秣马，随时可以拔营出发。

梁上君子

陈寔是东汉时太丘县令，为官清廉，品行端正，他不但对自己的要求十分严格，而且对子孙也管教很严。一年，天下大旱，庄稼干枯，百姓生活极其困难，社会治安混乱，尤其是小偷明显多了起来。

一天夜晚，陈寔已经睡熟了，突然，他发现房梁上伏着一个人。陈寔心里很清楚，这个人肯定是小偷，趁人不注意时混了进来，想等到陈家的人都睡了之后再出来行窃。

陈寔没有声张，他想了想，又爬起身来，把儿孙们都叫到自己跟前，用严肃的口气教导他们说：“人应该时刻勉励自己上进，不能够放任自流。那些做坏事的人，也不见得生下来就是坏人，只是因为他们平时不知道克制自己，做坏事成了习惯，才变成了真正的坏人。像那位伏在屋梁上的人就是这样的人！”

躲在屋梁上的小偷听了陈寔的话，大吃一惊，赶紧从屋梁上跳了下来，到陈寔面前跪下请罪。陈寔看看小偷，觉得他不像是一个惯偷，就对他说：“我看你的模样也不像是个坏人，可能是因为生活太困难了，没有办法才走这一步的。但是，人再穷也要有志气，不能做这种伤天害理的事。你要从此学好，重新做人，不要再偷了。”

陈寔说完，吩咐家人取来两匹绢，送给那小偷，放他走了。小偷十分感动，千恩万谢地离开了陈家。他把陈寔的话告诉了其他小偷，一传十，十传百，那些小偷都知道了这件事。

从此，县里就再也没有发现过小偷。

原来小偷们听了这事后，都感到十分惭愧，无地自容，纷纷改过自新。

【出处】《后汉书·陈寔传》

【释义】 古代窃贼行窃时，往往躲在屋梁上，故名梁上君子。后来，“梁上君子”就成为“窃贼”的代称。

【例句】 这里的防盗系统非常严密，不给梁上君子以可乘之机。

柳暗花明

有一次陆游一个人去故乡山阴的西山游览。西山离他住的地方有二十余里，要翻过几个小山才能到。他拄着手杖，顺着山路往上走。山，过了一重又一重；水，绕了一湾又一湾。走到一处，觉得似乎到了道路的尽头，但山路一转，拐了一个弯，顺路走去，前面就是另一番景象：在前面不远的山谷里有一块空地，在绿树红花的掩映下坐落着一个小农庄。陆游觉得非常欣喜，就高兴地走进山谷，来到了那个小村子。那里的民风非常淳朴，对待远道而来的客人也十分友好，拿出自家酿的腊酒，杀了自己养的鸡热情地招待了他。

陆游对这次出游感到非常高兴，农民的淳朴好客也给他留下了深刻的印象。回到家后，他便写了一首七言律诗《游山西村》来表达这次出游的感受，其中有两句就是："山重水复疑无路，柳暗花明又一村。"

【出处】《游山西村》

【释义】原指绿柳掩映，繁花似锦，阳光明媚的景象。后世用来比喻事态眼看已无发展的余地，忽然又出现了转机。

【例句】在困难面前，只要坚持不懈，一定会柳暗花明，获得成功。

买椟还珠

在春秋期间，楚国有一个人得到一颗大珍珠，晶莹圆润，十分珍贵。他想把珍珠高价卖出，于是就做一只盒子装这颗珍珠。这只盒子选用了兰香木精心制成，又用桂椒香料将它熏得馨香扑鼻，用珠粒状宝玉将它周围镶嵌起来，又雕刻上玫瑰花的装饰花纹，再用翠绿色的羽毛编织成衬垫。这只盒子制作得华丽精美，那颗大珍珠放在里面，显得非常名贵，熠熠生辉。楚人对此感到非常高兴，相信一定能卖个大价钱。他听说郑国市场上珍珠稀少，就带着珍珠到郑国去卖。

楚人来到郑国的集市上，把盒子取出来，打开盒盖，大声叫卖。精美的盒子，名贵的珍珠，立刻吸引了许多人。大家围在一起，赞叹不已，可是一听价格，都很惊讶。

这时，有一个郑国富豪走了过来，看见围了这么多人，便好奇地挤进去。大家看见这个富豪来了，纷纷让开。这个富豪一看见那只精美的盒子，立刻就被吸引住了。他取过盒子，仔细观看，又是摸又是闻，爱不释手。楚人准备给他看珍珠，可是他抱紧盒子不放手，问楚人要卖多少钱。楚人见他喜爱，随口报出一个很高的价钱。

这个富豪毫不犹豫，立刻取出钱买下了。大富豪打开盒子一看，里面有颗珍珠，便把珍珠拿了出来。

楚人以为他一定会十分喜爱，谁知他看都没看上一眼，随手就把大珍珠还给了楚人，抱着那只空盒子喜气洋洋地走了。

卖珍珠的人感到十分意外。自言自语地说："我本来是一心卖珍珠的，想不到他却买椟还珠！看来木盒子的生意不错，我得再做些木盒子来卖。"

【出处】《韩非子》

【注解】椟：木匣。珠：珍珠。

【释义】买下木匣，退还了珍珠。比喻舍本逐末，取舍失当。

【例句】任何一个聪明人，绝对不能做出买椟还珠的蠢事。

盲人摸象

传说，有五个盲人很想知道大象是什么样子，听说有一队商人赶着一头大象要路过这个地方，于是就相约着去"看"大象。

商人觉得非常奇怪，就问："你们怎么能看见呢？"

五个盲人一齐回答说："只要让我们摸一摸大象，我们就能知道大象是什么样子了！"

商人笑了起来，他说："好，好！那就请你们都摸一摸，说说吧！"

一个摸着了象牙的盲人说："我看大象好似一根树枝。"

另一个说："怎么会像树枝呢？它很像一把大扇子！"原来他摸的是大象的耳朵。

第三个人摸的是象腿，他嚷道："我觉得大象像根圆柱子。"

一个高个子盲人哈哈大笑了起来，他连连摆手说："你们说的都不对，大象就像一堵结实的墙。”原来，他摸着了大象的身体。

最后一个摸到象尾巴的矮小盲人说：“我可摸了好几回了，大象真的像是一条又细又长的绳子。”

几个盲人各说各的，都说自己“看见”的是真正的大象，并且还争论了起来。商人听了，忍不住大笑起来。

【出处】《大般涅盘经》

【释义】 比喻观察事物只看到了一部分，却自以为看到了整体，表示认识事物片面、狭窄。

【例句】 我们看事物不能盲人摸象，要用全面的、发展的眼光去看待它。

毛遂自荐

在战国的时候，赵国平原君赵胜门下养了许多食客，他们为赵国的政治军事出谋划策，起了很大的作用。门客之中有一位叫毛遂的，已经在平原君家住了三年，他默默无闻，无所作为，平原君也并没有注意过他。一年，秦国大军包围了赵国的都城邯郸，赵国情势十分危急，赵王命令平原君前往楚国请求援助。平原君挑选了 19 名能文能武的门客，准备出发。这时，一向默默无闻的毛遂突然来见平原君，自告奋勇地要求随同平原君到楚国去，门客们愣住了。

平原君见毛遂自荐，大为吃惊，便对他说：“一个人如果有贤德和才能，那么他很快就会显露出来，这就好比锥子放进口袋，锥尖会立刻露到外面。你在我家三年，没什么表现，可见能力不行啊！”毛遂笑着说：“如果您以前允许我出谋划策，我的才能早就显露出来了。现在还不晚，只要您带我去，一定会用得上我！”平原君见他说得有理，就让他随着自己出发了。平原君到了楚国，受到了楚王的隆重接待。谈判开始后，平原君说明来意，同楚王商议联合出兵抗击秦军的大事，可是楚王东拉西扯，吞吞吐吐，总是谈不到重点上，从早晨谈到中午，还没有结果。平原君非常着急，因为秦军兵临城下，赵国随时都有危险。

这时，只见毛遂怒气冲冲地走到楚王面前，一手提着利剑，一手毫不客气地拉住楚王的衣服，使楚王无法回避。接着，毛遂振振有词，一条一条讲出楚国出兵与赵国共同抗秦的利害关系。他说的话慷慨激昂，道理明白，令人信服，楚王被他的气概震慑住了，不但没有责怪他无礼，反而表示能体谅他的心情。这样，楚王立刻答应同平原君签订盟约，出兵抗秦，援救赵国。平原君对毛遂的表现十分赞许，非常敬佩他的才干。事后，平原君拉着毛遂的手，夸奖他说：“先生的三寸不烂之舌，胜过百万大军！”此后，平原君对毛遂刮目相看，敬若上宾。

【出处】《史记》

【注解】毛遂：战国时人名。荐：推荐。

【释义】毛遂自我推荐。比喻自告奋勇，自我推荐。

【例句】 小明今年学习成绩在班里排第一，于是向老师毛遂自荐当学习委员。

门庭若市

战国时，齐国的相国邹忌，身材高大容貌端庄。他为劝说齐威王广开言路，鼓励群臣进谏，就给齐威王讲了这样一个故事：

一天早晨，他穿好朝服，戴好帽子，对着镜子端详一番，然后问他的妻子说："我和城北徐公比较起来，谁长得英俊?""你英俊极了，徐公怎么比得上你呢?"妻子说。

徐公是齐国出名的美男子，邹忌听了妻子的话，并不太相信自己真的比徐公英俊，于是他又去问他的爱妾，爱妾回答说："徐公怎能比得上你呢?"

第二天，邹忌家中来了一位客人，邹忌又问了客人，客人说："徐公哪有你这样俊美呢?"过了几天，正巧徐公到邹忌家来拜访，邹忌便乘机仔细地打量徐公，拿他和自己比较。结果，他发现自己实在没有徐公英俊。

于是，他对齐威王说："我本来不如徐公英俊，但妻、妾、客人都说我比他英俊，这是因为妻偏爱我，妾畏惧我，客人有事求我，所以他们都恭维我，不说真话。而我们齐国地方这么大，宫中上下，谁不偏爱您，满朝文武，谁不畏惧您，全国百姓谁不希望得到您的关怀，看来恭维您的人一定更多，您一定被蒙蔽得非常严重了!"邹忌又劝谏说：“现在齐国地方千里，城池众多，大王接触的人也比我多得多，所受的蒙蔽也一定更多。大王如能开诚布公地征求意见，一定对国家有益。”齐威王听了，觉得很有道理，立刻下令说：“无论是谁，能当面指出我过失的，给上赏；上奏章规劝我的，给中赏；在朝廷或街市中议论我的过失，并传到我耳中的，给下赏！”命令一下，群臣前去进谏的，一时川流不息，朝廷门口每天像市场一样热闹。

【出处】《战国策·齐策一》

【释义】门口和庭院里热闹得像集市一样。形容来的人多。

【例句】从前，我家总是门庭若市，现在却是门可罗雀了。

孟母三迁

在战国时期，孟子是儒家学派著名人物，他的母亲对他儿时的教育非常严厉。起初，孟母带着幼年的孟子住在一所公墓附近。孟子看见人家哭哭哀哀埋葬死人，他也和小玩伴们学着样子玩耍。孟母说：“我的孩子住在这里不合适！”就立刻搬了家，住到了集市的附近。孟子看见商人自吹自夸地做买卖赚钱，他又学着生意人的模样玩耍。孟母说：“我的孩子住在这里也不合适！”就又立刻搬家，搬到了学堂附近。在这里，孟子跟着学堂学习礼节，并且要求上学了。孟母说：“这里才是适宜我的孩子居住的地方！”于是，就在这里定居下来了。

【出处】《列女传》

【释义】 孟子的母亲三次迁移住所；比喻父母注重对子女进行良好的教育。

【例句】 “孟母三迁”的故事就是说明环境对儿童心理、行为的影响。

名落孙山

宋朝时期，苏州有一位叫孙山的先生。为人聪明、风趣。一年，孙山和同乡去应考，结果孙山以最后一名的成绩被录取，而同乡则没考上。孙山比那个同乡先回到家，亲戚朋友听说他考中了，都纷纷来向他祝贺。大家都认为凭孙山的才能，肯定能考上，这次证明孙山的确有才能。这时那个同乡的父亲，也来祝贺。并且向孙山打听自己儿子的消息。孙山没有直接回答，而是说：“解名尽处是孙山，贤郎更在孙山外。”宋朝的乡试第一名叫解元，因此乡试也叫“解试”。被考试录取的名单就称为“解名”了，孙山对那个同乡的父亲所说的意思是：解试录取名单上的最后一名是我孙山，至于您的儿子那就更落在孙山的后面了（没考上）。

【出处】《过庭录》

【释义】 指的是考试落榜。

【例句】 即使名落孙山，也不要轻言放弃。

明察秋毫

齐宣王向孟子请教怎样称霸的问题，孟子说："道德可以统一天下。"

齐宣王忙问："什么样的道德能统一天下呀？"

孟子回答说："让百姓生活安定，就可以战胜一切。"

齐宣王急切地问："我能让百姓生活安定吗？"

"当然可以。"

接着孟子开始分析："您祭祀时不忍心杀死一头可怜的牛，就用羊代替，老百姓都说您小气，其实他们不懂得您的仁爱之心。您有这样的善良之心，就可以统一天下了。"

看着齐宣王听得非常仔细，孟子开始分析齐国的百姓得不到安定生活的原因。孟子先举了个例子：

"有人说：'我力大无比，可拿不起一根羽毛，我能清楚地看见秋天鸟儿新长的绒毛，却看不见一车柴草，您相信吗？'

当然不相信。事实上，拿不起羽毛是不想拿，看不到柴草是不想看。您有善良仁爱之心，百姓却感受不到，那是您没有把爱心施于百姓；齐国百姓生活不安定，那是您没有给他们创造这样的环境；您没有用道德统一天下，那是因为您没有那样做。”

孟子深入浅出地向齐宣王讲述了“以道德统一天下”的道理，齐宣王虽然听得连连称好，但他并没有行动，所以齐宣王到最后也没有成就霸业。

【出处】《孟子·梁惠王上》

【释义】原意是目力极好，能看见秋天鸟雀新长出的细小绒毛，比喻顾小失大。现在用此成语比喻做事精细，心思缜密，对很小的事能看得清楚彻底，一般形容人断案、处理纠纷时明辨是非，客观公正。

【例句】再狡猾的犯罪分子也难逃明察秋毫的警察的眼睛。

南柯一梦

古时候，有一位读书人叫淳于棼，很爱喝酒。他家院子南边的墙外，长着一株古槐，枝繁叶茂。一日，他在槐树下喝醉了酒，被两个朋友扶进屋，躺上床休息，两个朋友则坐在一旁洗脚。蒙蒙眬眬之中，淳于棼看见有两位使臣走进来了，邀请他到大槐安国去做客。于是他随使臣出了门，登上车，一会儿就进入了一个洞穴。

忽然，晴天丽日，山川旷野，城郭村庄尽在眼前，就好像来到一个新的世界。淳于棼进了王宫，见到了大槐安国的国王。

国王与他亲切交谈，露出很欣赏他才干的样子。不久就任命他为“南柯太守”，并且把公主嫁给了他。淳于棼一下子就成了那个国家的显贵，权倾朝野。他在大槐安国当了三十年大官，政绩突出，很受百姓拥戴，国王也很器重他。

这时，他已有五男二女，家庭美满。不料，檀萝国突然入侵，国王令他领兵出征。由于他不懂军事，匆忙应战，被檀萝国打得大败而逃。

回来之后，发现妻子已经死了，国王也不再信任他了，后来，还免了他的官职，将他软禁一段时间后，就又把他遣回了老家。

淳于棼醒来，才发现是一场梦。他看见太阳此时还没落山，喝剩的酒还在桌上放着，两个朋友的脚还没有洗完。淳于棼好生奇怪，又回到院外的大槐树下，挖开树洞一看，见里面有个大蚂蚁穴，一群蚂蚁聚居在穴里，其中有两只特别大，被几十只小蚂蚁保卫着；穴中还有泥土堆成的楼阁、小城。

淳于棼想：大概这就是大槐安国的王宫吧。王宫外面有一条孔道，往上直通南边的一根树枝，大概这就是他当太守的“南柯郡”。

淳于棼长叹一声说：“三十年的荣华富贵，原来只是南柯一梦啊！”

【出处】《南柯太守传》

【释义】 指做梦。比喻一场空欢喜。

【例句】 人生的名利富贵，只不过是南柯一梦，稍纵即逝。

南辕北辙

战国时期，魏王要发兵攻打赵国，大臣季梁本已奉命出使外国，听到此事，立即赶了回来。连家也没回，衣服也没换，就进宫去见魏王。魏王非常奇怪，问他：“你怎么回来了？有什么急事吗？”季梁说：“是的，我在太行山一带，遇到一个人，他坐着车正往北走，可却得意地对我说：‘哎，我要到楚国去了！’”

魏王大笑说：“楚国在南面，他怎么往北跑啊？”

季梁说：“是啊，我也这么问他。可是他却说：‘没关系，我的马跑得快。’我说：‘你的马虽然跑得快，但这也不是到楚国的方向啊！’他又说：‘没关系，我的盘缠备得多。’我说：‘你的盘缠备得再多也没有用。，他还是说：‘没关系，我的车夫驾车的本领可大啦，谁也抵不上他。’”

魏王忍不住大声说：“天下竟有这样的糊涂人！”

季梁说：“大王说得没错，他的方向弄错了，即使马跑得再快，盘缠带得再多，车夫驾车的本领再大，也到达不了目的地，相反却离楚国越来越远！”说到这里，季梁话锋一转，说：“如今大王想成就霸业，那就应该取得各国君主的信任才对。可是，您却想凭借兵精粮足、国土广阔的优越条件，去攻打赵国，以此来提高自己的威望。这样，攻打别国的次数越多，离您的愿望就越远，这不正像那个南辕北辙的人一样吗？”

魏王沉默不语了。最终还是取消了攻打赵国的计划。

【出处】《战国策》

【注解】辕：车前驾牲口的直木。辙：车轮碾过的痕迹。

【释义】心里想往南去，却驾车往北走。比喻行动与目的地相反。

【例句】你做事情南辕北辙，这样怎么能把事情做好！

弄巧成拙

北宋时期的宋徽宗是一位很有艺术鉴赏力的皇帝。他喜爱绘画艺术，常常到画院去欣赏画家们的作品，还经常指出作品的缺点，在他的指导下，北宋的画家们养成了求新求实的画风，绘画事业非常兴旺。

当时有一位画家叫孙知微，手下有一批随他学画的学生。一次，他应成都寿宁寺的请求画一幅《九曜图》，内容是水星菩萨和侍童。画的轮廓出来后，孙知微急于去赴约，便命他的学生为画着色，说完就走了。

学生们受到老师的信任，非常高兴。他们准备着色时，突然发现画中侍童手中的瓶子是空的，都感到很奇怪。

他们说："老师平时画瓶子，总要在瓶里再画上一束美丽的鲜花，怎么今天忘了呢？一定是老师走得着急，忘记了吧？"

于是，他们便在瓶中画上了一枝鲜艳怒放的莲花。

次日，孙知微回来了。学生们满心欢喜地呈上着色的画，期待着老师的夸奖，哪知孙知微一看那支莲花，顿时变了脸色。他气愤地问：“是谁叫你们把莲花添上去的？”学生们答道：“是我们自己啊！您看，添上莲花，不是更好看了吗？”

孙知微气得差一点骂出来，说：“真是胡闹！”他克制了一下自己的情绪，继续说：“你们这是弄巧成拙啊！你们不知道，《道经》上说，这水星菩萨的瓶子，是他用来镇妖伏水的宝贝，是不应该有花草的。添上一枝莲花，它就不是宝贝，而是一只普通的花瓶了。你们的色虽然上得不错，可这幅画却毁掉了啊！”学生们这才恍然大悟，非常后悔地低下了头。

【出处】《宣和画谱》

【注解】巧：聪明。拙：愚笨。

【释义】原想卖弄聪明，反而做了蠢事。

【例句】原本是为了帮他，却没想到弄巧成拙。

怒发冲冠

在春秋期间，赵惠文王得到了一块稀世玉璧——和氏璧，秦昭王知道后，要以十五城换璧。赵王早就知道秦昭王贪婪狡诈，如果不答应怕秦国出兵攻赵，如果答应又怕和氏璧一去无回。赵王对这事大感头疼。这时，有人推荐蔺相如，建议让他带和氏璧赴秦，见机行事。处理好这件事。

于是，蔺相如带着和氏璧到了秦国，秦昭王在一个偏殿里接待了他。

秦昭王拿了和氏璧看了又看，又叫身边人传看，只是只字不提十五座城池的事。蔺相如见此，怒火中烧。他按捺着怒气对秦昭王说：“和氏璧上有块小瑕疵，让我指给大王看。”

蔺相如接过璧，退后几步，靠着柱子站定。此时蔺相如的样子很可怕，愤怒的头发把帽子都顶起来了。他怒瞪双眼，大声说：“大王说好了要用十五座城池换和氏璧，我们赵国把此事当成一件大事，赵王斋戒沐浴后才派我来送璧。没想到大王您如此无礼，在偏殿接见我，和众大臣姬妾传看玉璧，无视我的存在，而且只字不提换璧一事。看大王如此没有诚意，我只好把璧收了回来，如果大王逼迫我，我只好和玉璧一起毁灭了。”说着便准备撞柱。

秦昭王见此，忙向蔺相如道歉，表示愿意以礼相待。蔺相如回到驿馆，命人乔装后带璧回国。五天后，秦王斋戒结束后准备换璧，蔺相如说：

“我怕您没有换璧的诚意，已让人带玉璧回国了。”

秦昭王见事已至此，只好礼送蔺相如回国去了。

【出处】《满江红·怒发冲冠》

【释义】头发被怒气冲得直立起来，把帽子都顶起来了。形容异常愤怒。

【例句】眼前的情景让战士们怒发冲冠，他们端起枪，杀向敌军。

呕心沥血

唐朝诗人李贺，小时候就很聪明，七岁时就可以写诗，常常受到大家的称赞。据说当时的文学家韩愈、皇甫湜等人曾特地对小李贺进行面试，都说这孩子确实是个天才。因此，李贺幼时就有了名气。但李贺在政治上却不得志，一直没有被朝廷重用。他精神上苦闷抑郁，便把全部精力放在诗歌的创作上。李贺作诗，十分注重真情实感，多半是即兴而作。

他常常带着一名书童，骑着一匹瘦驴，一面在郊外散步，一面即景吟咏。如果遇到好的题材，就随即写成诗句，放进书囊，回家以后再将诗句整理成篇。他作诗十分刻苦、认真，每天都工作到深夜，他曾说："长歌破衣襟，短歌断白发。"意思是说：他为了写一首长诗，衣襟都磨破了；为了写一首短诗，白发弄断了许多根。李贺身体很弱，母亲很心疼他，所以每天李贺回家，母亲便让婢女查看他的书囊，如果发现里面写的诗句太多，就生气地说："你这孩子，要把心呕出来才高兴吗？"李贺由于写诗过于劳累，再加上怀才不遇心境不好只活了二十六岁就去世了，他留下的二百四十余首诗歌中，佳作迭出。

韩愈曾写过这样两句诗："刳肝以为纸，沥血以书辞。"意思是说：把肝剖出来作为纸，让血滴出来作为墨水，来书写文章。

后来，人们就根据这两位诗人的故事，概括出"呕心沥血"这个成语，以形容创作的穷思苦索、费尽心血。

【出处】《新唐书》

【注解】呕：吐。沥：一滴一滴地往下滴。

【释义】指费尽心思。多用于文艺创作。

【例句】如果没有他呕心沥血地工作，就不会有现在的成绩。

匹夫之勇

韩信从小就胸怀大志，喜读兵书，希望将来有所作为。他早先投奔项梁，后来又跟从项羽，都没有得到重用。于是，他又投奔刘邦，开始未被重用，只当上了个管理粮草的官。他不甘于这样的处境，就逃走了。萧何了解韩信的才能，一听到这个消息，立即骑上快马，把他追了回来。

刘邦按照萧何的意见，拜韩信为大将，并举行了一个隆重的拜将仪式。仪式结束后，刘邦就向韩信请教同项羽争夺天下的办法，韩信直截了当地问刘邦："您认为自己在勇、仁、强各方面，比项羽如何？"刘邦沉默不语，半晌才答道："我不如他。"韩信说："不错，我也觉得您不如他。不过，我跟他这么多年，早就知道这个人。项羽勇是够勇的，一声呼喝，可以压倒几千人。但是他不善于任用贤能的将领。他的勇只不过是匹夫之勇。说到仁，项羽对人也还比较关心，但是他不重赏有功的人，只玩弄些小恩小惠，他的仁不过是假仁假义。另外，他分封地盘不公，诸侯都有意见；军队扰害地方，百姓怨恨在心。所以，他目前虽然强，但很快就会弱下去的。大王您只要反其道而行之，那么夺回关中之地并不难，夺取天下也就指日可待了。”

刘邦听后，认为他讲得入情入理，心里十分高兴。后来他又按韩信的话去做，率大军悄悄从南郑向关中挺进，不到三个月，就占领了关中。最后，他又打败了项羽，统一了天下，建立了西汉王朝。

【出处】《史记》

【释义】 指不用智谋，单凭个人血气的小勇。

【例句】 项王虽很勇猛，却只是匹夫之勇，做事不懂深谋远虑，三思而行。

破镜重圆

在南北朝末年，隋文帝杨坚为统一全国，举兵南下，打算灭掉南方的陈朝。

陈朝的最后一个皇帝陈叔宝只知饮酒赋诗，寻欢作乐，不理政事。隋军大兵压境时，朝廷上下乱作一团。

一个名叫徐德言的人，是陈后主的妹妹乐昌公主的丈夫。他觉得陈国即将灭亡，夫妻在一起的时间不会太久了，便流着泪对公主说："国破家亡就在眼前，你我不能相守了，以你的美貌与才能，陈国灭亡后，你必定会落入帝王宫中或富贵人家。倘使我们俩不死，希望能有重新团聚的日子。"他取出一面圆形的铜镜，一破两半，一半交给乐昌公主，另一半自己留下，互相约定：在离散后的第五个元宵节，趁人们在长安街头热闹地活动时，假装出售破镜子，以寻访对方。

陈国不久被隋灭掉，乐昌公主果然被俘，被送往隋都长安，成为隋朝大臣、越国公杨素的侍妾。徐德言怀念妻子，不惜长途跋涉，上京寻访。五年后的元宵节那一天，他如约拿着半面铜镜上街去卖，转来转去，忽然发现一位老仆人也在叫卖半面铜镜。他上前拿过来看，与自己的正吻合。徐德言睹物思人，不觉泪流满面，问了老仆人，才知道乐昌公主已落人杨府，料想无法再见，愈加伤心起来。他忍不住在半面镜子上写下了一首《破镜诗》，托老仆人带回去。诗中写道：

镜与人俱去，镜归人未归。

无复嫦娥影，空留明月辉。

乐昌公主见了徐德言的诗，几天不吃不睡，以泪洗面。杨素发现后，问明了原委，非常同情这对患难夫妻，便召来徐德言，把乐昌公主还给了他，并设宴祝贺他们夫妻"破镜重圆"。

【出处】《两京新纪》

【释义】比喻夫妻离散后又相聚。

【例句】刘大娘是街道主任，曾使许多家庭破镜重圆。

扑朔迷离

南北朝时期，在中国的北方有一位勤劳勇敢的姑娘，名叫木兰。一天，木兰在家织布，朝廷征兵的紧急文书传来了。木兰的父亲要被官府征去当兵。木兰心想："父亲年事已高，家里又没有兄长，谁能代替父亲去应征呢？"木兰毅然决定：女扮男装，替父从军。木兰到街市上买来骏马、鞍垫、马笼头与长鞭，拿起武器出发了。她随大军转战黄河边、黑山头，栉风沐雨，与战友们奋勇杀敌。由于她作战勇敢、屡建战功，很快就被提升为将军。

经过多年的戎马生涯，木兰打了胜仗归来了。天子坐在宝座上，要重赏功勋卓著的木兰，问她想要什么。木兰说："我不愿留在朝廷做大官，只愿天子赏我一匹千里马，送我回故乡。"天子满足了她的要求。

听说木兰从军回来了，木兰年迈的父母激动得流下了眼泪，他们相互扶持着到城外去迎接她，弟弟也杀猪宰羊，高兴地在家等着木兰回来。木兰回到家，百感交集。她走进自己的闺房，脱下战袍，对镜梳妆，又恢复了女儿装。

不久后，战友们来看望木兰。当木兰走出闺房时，他们都愣住了。怎么也没有想到，朝夕相处十二年的木兰，那位英俊潇洒、武艺高强的将军，竟是一位女子！木兰调皮地对他们说："你们没有听说过吗，'雄兔脚扑朔，雌兔眼迷离（扑朔迷离），双兔傍地走，安能辨我是雄雌？’”

战友们都哈哈大笑，更加敬佩这位爱祖国、孝父母的女英雄了。

【出处】《乐府诗集》

【释义】指难辨兔的雌雄。比喻事情错综复杂，不易辨清真相。

【例句】这件事错综复杂，虽经多方核查，仍扑朔迷离，难明真相。

锲而不舍

荀子学识渊博，是春秋战国时期有名的教育家。荀子的思想里闪烁着朴素唯物主义的光芒，他不信鬼神，更不相信天命，认为日月星辰的运行是有其内在规律的，不以人的主观意志为转移的。在他年轻的时候，就写下了充满智慧与启迪的名篇——《劝学》。

他在文章的开头，这样写道，人人应该接受教育以获得学问来丰富自己的精神世界。靛青这种颜料由山蓝草提炼而来，但是它的色彩比蓝草还要蓝（青出于蓝而胜于蓝）。言下之意，是说学生可以胜过老师，后人可以胜过前人。

后来，荀子又写道，在木头上刻字，刻了几下子就停下来，就是烂木头也刻不断；倘若坚持刻下去，就是再坚硬的金属和石头也能刻穿。

在荀子这篇文章中，包含许多精辟透彻的比喻，对人很有启发作用。《劝学》不仅给我们留下了深刻的思想，还留下了许多朗朗上口的成语。除“锲而不舍”，还有“青出于蓝”、“不积跬步，无以至千里”等许多对人有所教益的成语。

【出处】《荀子·劝学篇》

【释义】是说雕琢一件器物，要不停地去镂刻才能成功。比喻有恒心，有毅力。

【例句】无论做任何事情，我们都要有锲而不舍的精神。

千钧一发

枚乘是西汉时期的辞赋家。

他曾是吴王刘濞的手下，因刘濞一心想反叛朝廷，枚乘觉得不妥，就委婉地劝刘濞说：“用一根头发来吊起千钧重的东西，把它悬挂在我们够不着的高处，而下端则是没有底的万丈深渊。想想看，这种情景，一旦上边承受不住了，我们也无法把它给接住；一旦掉入了万丈深渊，我们就无法去把它再取上来！”暗示刘濞反叛朝廷，就如同这缕发丝的处境一样危险。

但是，刘濞把枚乘的忠告当耳旁风，最后落得兵败身亡的下场。

【出处】《汉书·枚乘传》

【释义】一根头发系上千钧重的重物。后用来比喻形势或处境相当危险。

【例句】在千钧一发的时刻，他毫不犹豫地挡住了子弹。

千人所指

王嘉是西汉哀帝时期的丞相，此人忠厚耿直，常常一针见血地指出皇帝的失误之处，所以哀帝对他又怕又恨。但碍于他在朝中德高望重，哀帝也拿他没办法。

汉哀帝有个男宠叫董贤。此人面似桃花，貌胜妇人，又极善溜须拍马，深受哀帝的宠爱。哀帝与董贤同食同宿、同车同坐，形影不离。

为了取悦董贤，哀帝把董贤的三亲四故都提拔重用。可谓“一人得道，鸡犬升天”。董贤也恃宠称霸，扰得后宫与朝廷乌烟瘴气。大臣们对此怨气冲天。哀帝为了满足董贤的贪欲，竭力寻找机会为董贤加官晋爵。哀帝的这些做法遭到了王嘉的坚决抵制。

一年，哀帝的祖母傅太后去世后，哀帝借口太后有遗命，要加封董贤。王嘉就此事向哀帝进谏：“董贤恃宠骄纵，为非作歹，作恶多端，臭名远扬，已经引起了公愤。俗话说‘千人所指，无病而死’。如果董贤不加以收敛，他不会有好下场的。皇上您也为江山社稷想想，请勿胡作非为了。”

此奏折一上，旧怨加新恨，哀帝怒不可遏，下令赐死王嘉。王嘉在狱中绝食而死，死不受此命。

董贤也的确没有好下场。哀帝一死，董贤畏罪自杀，家产被抄。

【出处】《汉书·王嘉传》

【释义】形容行径恶劣，遭众人谴责唾弃。

【例句】汪精卫投靠日本侵略者，是千人所指的历史罪人。

气壮山河

南宋大臣赵鼎出身贫寒，四岁就失去父亲，在母亲抚养和教育下成长。他二十一岁考中进士，当官时敢于批评权贵，受到宰相吴敏赏识，被调到都城开封任职。

1125 年冬，北方的金国出兵南侵。次年秋攻陷太原，严重地威胁到宋朝的安全。昏庸懦弱的宋钦宗惊慌失措，赶紧召集文武大臣商议对策。

一些贪生怕死的大臣，主张割让土地向金国求和。赵鼎与这些大臣的看法不同。他说："祖先留下来的国土，怎能拱手送给别人？望陛下千万不要考虑这种意见！"

可是，钦宗非常惧怕金兵，决心屈膝投降，把大好山河割让。金军使者来谈判时，要求把黄河以北的土地全部割让给金国，钦宗不敢违抗，竟答应了金军提出的要求。

但是，金国统治者并不满足，他们命令部队继续南下。同年底，金兵抵达开封城下。胆小如鼠的钦宗不等金军攻城，就亲自到金军营中乞求投降。

不久，金兵统帅扣留了钦宗，让部下进城掠夺，然后把钦宗和他的父亲徽宗当做俘虏，连同搜刮到的大量金银财宝，一起返回金国。北宋王朝就此灭亡。不久，钦宗的弟弟康王赵构在南京建立了南宋王朝，史称宋高祖。宋高祖即位初期，起用了一批主战派的大臣，赵鼎也在其中。

曾经担任过宰相的秦桧，是主和派的头目，因结党专权而被罢职。赵鼎对他很警惕，曾经向人表示过，此人如果得志，我们就没有立足之地。

不料，后来秦桧又一次被任命为宰相。秦桧知道高宗只想偏安江南而不真心抗金，便竭力唆使高宗与金国讲和。赵鼎对他自然反对。于是，秦桧经常在高宗面前说赵鼎的坏话，使高宗对他逐渐失去信任。后来，高宗终于将他贬到外地去当官。

赵鼎离京时，秦桧假惺惺地为他送行。但赵鼎并不领情，只是轻蔑地瞧了他一眼，拱拱手就走了。为此，秦桧更加忌恨赵鼎，将他越调越远，最后贬谪到朱崖。赵鼎在朱崖住了三年，熟人都不敢去看望他，生活非常困苦。秦桧知道他的处境后，认为他活得不可能长久，便嘱咐地方官每月向自己呈报他是否还活着。

赵鼎六十二岁那年，终于患了重病。临死前，他把儿子叫到床前，悲愤地说道："秦桧非要置我于死地。我不死，他可能会对你们下毒手，我死了，才可不再连累你们！"

说罢，他叫儿子取来一面铭旌，在上面书写了一行字。它的意思是：我身骑箕、尾两座星宿回归上天，我的气概像高山大河那样雄壮豪迈地存在于本朝。几天后，赵鼎不食而死。

【出处】《老学庵笔记》

【释义】 比喻人的豪迈之气如同高山大河。

【例句】我们的宇航工作者们发出了气壮山河的誓言：我们中国人要征服太空。

千变万化

据传说，周穆王有八匹骏马，日行千里，深受宠爱。他非常喜欢游玩，曾经接受西王母的邀请，参加过瑶池盛会。

一天，周穆王从昆山返回合山，途中听说有个叫偃师的人，手艺精巧，制作的动物能叫会跑。他有些不相信，立即召见偃师，问："听说你能造出各种精巧的玩意，拿出一件，让我看看。"

第二天，偃师带上木头雕成的假人拜见穆王。穆王看这些假人的五官齐全，眉毛胡子像真人一样，觉得很吃惊。

穆王问偃师："你雕的这些人都能动吗？"

偃师说："不但能动，而且能唱歌，跳舞。就像真人一样。"

穆王说："让他们表演起来，我看比真人差多少。"

偃师用鼓声指挥木头人开始动作。木头人按着鼓声的节奏，列开阵势，进行攻守，但见木头人手执刀枪剑棍攻杀、防守，进退有序，一会儿排成一字长蛇阵，忽然又变成十面埋伏，继而化作九宫八卦阵、六花阵、七星阵、八门阵，阵势千变万化，把穆王看得眼花缭乱，非常高兴。他觉得如此新奇的玩意不让妃子欣赏一番，实在有些遗憾，于是命令宫女请妃子一同观看。

偃师见嫔妃到来，有意卖弄本领，便说："刚才表演的阵容气势太激烈，不宜在娘娘们面前施展，还是来番歌舞，换换口味吧。”

偃师拿起云板，吹响笙簧，木头人引吭高歌。歌声婉转悠扬，忽而如百鸟朝凤，莺声燕语，回响不已，忽而如猿啼三峡，哀怨凄恻，催人泪下，忽而如龙吟深潭，虎啸幽谷，气势磅礴。

穆王和众妃子都沉醉在悦耳动听的歌曲声中。

偃师把鼓板的节拍略加变动，木头人在歌声中舒卷长袖，行云流水般舞动起来，舞姿优美，或如雨中荷花，争红吐艳；或如风吹杨柳，摇曳生姿。其中一个木头人，还频频向妃子挤眉弄眼，好像是在调情。被穆王发现了，他非常生气，认为是行为不端，有意调戏，便下令将挤眉弄眼的木头人斩首。

偃师知道引起了误解，急忙将木头人拆散。穆王一看，木头人不过用皮革、颜料、马尾毛、木头制成，不由笑了起来。演出结束，穆王惊叹不已，说：“太妙了，简直像神仙一样。”

【出处】《列子·汤问》

【释义】形容变化极多。

【例句】庐山的云雾真是千变万化！

千金买邻

在南北朝的时候，有个叫吕僧珍的人，他世代居住在广陵地区。他为人正直，很有智谋和胆略，因此受到人们的尊敬和爱戴，而且远近闻名。

吕僧珍家住在城北，家里并不宽敞，平时再加上不少人在这里出入，就显得更小了。于是有人劝他再买套更宽敞的房屋。他说："已经够用了，不用再扩大我的居住面积了。"

因为吕僧珍的品德高尚，人们都愿意和他接近和交谈。有一个人特地在吕僧珍家隔壁买了一套房屋。

有人问："你买这房子花了多少钱?"

"一千一百两。"

"怎么这么贵?"

那人笑着说："一百两是用来买房屋的，那一千两是用来买邻居的。"

【出处】《南史·吕僧珍传》

【释义】 好邻居非常难得与可贵。

【例句】 他千金买邻，只为能有一个好的学习环境。

前功尽弃

秦国，有一位骁勇善战的大将，名叫白起。他善于用兵。曾领兵打败过韩、魏、赵等国，立下了赫赫战功。公元前281年，秦国又派白起率军攻打魏国，秦军一路冲杀，直逼魏都大梁。

纵横家苏秦为抑制秦国侵略扩张的野心，就到各国去游说，劝说各国诸侯联合抗秦。有一次，苏秦到周赧王那里去游说，极力奉劝周赧王派人去劝阻白起攻魏。在谈及正题之前，苏秦先给周赧王讲了一个故事：

楚国有一位叫养由基的人，他精通箭术。一天，他在校场表演，共射出一百枝箭，箭箭都射中了瞄准好的杨柳叶。众人见了齐声叫好，都要求养由基再表演一次。养由基心中很得意，就想继续表演下去。这时，他身旁有个人劝阻他道："你距柳叶百步，搭箭而射，能够百发百中，的确令人钦佩。可如果你不趁此停下来，过一会儿你的力气减弱了，弓也拿不稳了，箭也射歪了，只要有一次没射中，那么前面所中的百箭就都会白费了。你还是见好就收吧！"于是，养由基收起了弓箭，不再表演了。

苏秦讲完故事，话锋一转，意味深长地说："秦国大将白起屡战屡胜，为秦国立下了大功，如今他又兴兵攻打魏都大梁，大梁若被秦军攻克，周朝就很危险了。您应派人去劝阻白起，这样对他说：'将军身经百战，功勋卓著，如今又起兵攻魏，但如果这一仗打不赢，那么就会前功尽弃。您不如告病，不要去冒险攻魏。'如果白起听从您的忠告，停止发兵，那么大梁之围便可以解除，周王朝也太平无事了！"

可周王室已严重衰败，根本无力制止各诸侯之间的战争。因此，周赧王没有听取苏秦的建议。

【出处】《史记》

【注解】功：功劳。尽：完全。弃：丢弃。

【释义】以前的功劳完全丢失。亦指过去的努力完全白费。

【例句】他怕前功尽弃，一点儿也不敢松懈。

黔驴技穷

古时候，黔中一带没有一头毛驴。偏偏有喜欢多事的人，用船从外地运来了一头肥大蠢笨的毛驴。毛驴运来后，这人却不知如何使用它，只得把它放牧在山脚下。一日，一只猛虎下山觅食，碰巧遇到了这头毛驴。这只老虎从来没有见过毛驴，突然看到这么一个庞然大物，心中十分害怕，吓得只敢躲在树丛中偷偷地窥视毛驴。

不久，老虎小心谨慎地走出树丛，慢慢地接近毛驴，仔细地观察它的一举一动。毛驴忽然长嘶了一声，洪亮的声音响彻山谷。老虎以为毛驴发怒了，它生怕毛驴吃掉自己，吓得拼命逃向山林深处。经过几天的细致观察，老虎觉得毛驴并没有什么特别的本领。它的叫声老虎也听习惯了，不再觉得有什么可怕。

于是老虎又向毛驴靠近了一些，在它身前身后转来转去，跳上跳下，但仍然不敢太放肆。渐渐地，老虎挨得更近了，它不断地挑逗、戏弄毛驴，肆意地碰触、冒犯它。毛驴终于被激怒了，便使出它的绝招，扬起蹄子，猛地踢向老虎。老虎虽被踢中了，但同时也弄清了毛驴的底细：原来，这只毛驴的本领不过如此而已！

于是，老虎怒吼一声，向毛驴猛扑过去，饱食了一顿肥美的驴肉。

【出处】《三戒》

【注解】黔：唐代指黔中道，包括今湖南西部、四川东南部地区。今为贵州省的代称。穷：尽。

【释义】比喻有限的一点本领已经用完，再没有什么能耐了。

【例句】犯罪分子自以为很聪明，作案手法隐蔽，但事后总是黔驴技穷，被警察擒获。

青云直上

在战国期间，魏国的范雎非常有才华，只是因为家里太穷，无人引荐，只好委屈在中大夫须贾的府里当差。

一次，须贾奉魏昭王之命前往齐国，范雎竭力争取，终于一同前往。他们在齐国待了好长时间，与齐襄王谈的事情始终落实不下来。齐襄王发现魏国的来人里，范雎虽然官不大，口才却很好，很具有说服力，出于欣赏，齐襄王就赏赐给他黄金若干，好酒几坛，范雎哪敢接受，这可是非同小可的事啊!

须贾听说此事后，认定范雎透露了魏国的秘密给齐襄王。回国后，就把这件事向相国魏齐作了报告。魏齐十分恼火，命令下人打断范雎的肋骨，打落他的门牙，之后把他扔到厕所里，是死是活，听天由命。

范雎在看守的好心帮助下，逃离了厕所，在一个隐蔽的地方改名换姓躲了起来。范雎就以张禄为自己的名字，时刻在寻找着出人头地的机会。不久，机会来了。秦昭王派王稽出使魏国，去看看有无人才。范雎在别人的引荐之下，随王稽到了秦国。

范雎凭自己的聪明才能，很快就让秦昭王另眼相看了，并得到了重用。后来，范雎竟然做了相国。

那时，战争连续发生。魏国听说秦国要攻打自己和韩国，便派须贾前往秦国请和。须贾及魏国人也不知道现在的张禄就是范雎。范雎听到了这件事后，暗自庆幸，报复须贾的计划早已经拟好了。

须贾一行人到达秦国之后，范雎便派人查明他的住处。然后，他身穿带补丁的衣服，孤身一人来到须贾的驿馆。须贾见到他之后，大吃一惊，他认为范雎早就死了呢。见范雎到了这个地步，想想当初自己所做的事，须贾不禁心存怜悯，连忙派人送他一些粗布衣服，并请他吃了一顿。吃完饭后，他们二人便谈论起秦国相国张禄。范雎谎称自家主人认识张禄，可以替须贾引荐。

范雎带着须贾直奔相国府。府里的人见相国回来了，赶紧退让走开，神情间怀着敬畏之色。直至到了内厅大门口时，须贾才豁然开朗，为何范雎一路不必下马车，张禄就是范雎。这下子可把须贾吓得魂飞魄散，赶紧脱掉衣服跪在地上，连滚带爬蹭到范雎面前，请求饶命。

须贾磕着头，连称“该死”，并发誓说：“小人怎么也想不到您能冲着青天一直上升。从此以后，我不敢读天下的书，更不敢过问天下的政治了。小人罪大恶极，怎样处置就在大人您嘴里了，小人该死啊！”

范雎数落了他的三大罪状。并念在他送自己衣服，以及过去情谊的分上，饶了须贾一死。

【出处】《史记》

【释义】比喻人直线上升到显眼的位置。

【例句】洪承畴是万历年间的进士出身，登第时年岁很轻，从此青云直上，一帆风顺。

罄竹难书

汉武帝称帝时，朝中有一位左将军叫公孙贺。公孙贺的夫人是皇后的姐姐，因而汉武帝对他十分信任，将他提升为当朝丞相。

公孙敬声是公孙贺的儿子，在朝中任太仆，虽然是个小官，但他仗着皇后姨娘做靠山，非常蛮横狂妄，为所欲为，干了许多丧尽天良的事。一年，公孙敬声犯了挪用军款的重罪，被判死刑，关进大牢。

公孙贺这下慌了神，忙去向汉武帝求情，请求汉武帝赦免公孙敬声的死罪。可公孙敬声的罪行太严重，理应诛杀，汉武帝也不想饶恕他，就拒绝了公孙贺的请求。

恰巧，这时京城出现了一位除暴安良的侠士，叫朱安世。他在京城杀了许多贪官污吏，为民申冤除害，一时名震京师。汉武帝忙下诏书通缉捉拿朱安世，可朱安世武艺高超，谁也捉不到他。

公孙贺见机，对汉武帝提了个条件：如果他捉到朱安世，就赦免他儿子的死罪。汉武帝出于无奈，就答应了。公孙贺果然抓到了朱安世，将他打入死牢。

朱安世是个不畏强暴的侠义之士，他毫不惧怕权势显赫的公孙贺，反而对公孙贺笑骂道：“你的罪恶深重，简直是罄竹难书啊！如果要告发你，我把终南山上的竹子都砍下来，做成竹简，也写不完你的罪状；我把斜谷的树木全砍下来，做成桎梏，也不够夹铐你家的犯人。”

公孙贺听了，十分害怕，就想杀掉朱安世。朝中一些贤良的大臣知道了这件事，就悄悄地让朱安世写下公孙氏家人的罪行。朱安世就告发公孙敬声与汉武帝的女儿阳石公主私通。汉武帝得知此事，勃然大怒，立即下令将公孙氏一族满门抄斩了。

【出处】《汉书》

【注解】 罄：用尽。竹：古代用竹制成竹简，用以写字。书：写。

【释义】 用尽竹子也难写完。指罪行多得写都写不完。

【例句】 这些侵略者所犯下的罪恶罄竹难书。

人杰地灵

公元663年九月初九重阳节，洪州阎都督在新落成的滕王阁大宴宾客，当地知名人士都应邀出席。

王勃正好路过这里，也应邀参加。因为他才十四岁，所以被安排在不显眼的座位上。阎都督的女婿很会写文章，阎都督叫他预先写好一篇序文，以便当众炫耀一番。

大家酒酣之际，阎都督站起来说：“今天洪州的文人雅士欢聚一堂，不可无文章记下这次盛会，各位都是当今名流，请写赋为序，使滕王阁与妙文同垂千古。”话毕，侍候的人将纸笔放在众人面前。

但是大家推来推去，没有一个人动笔。后来推到王勃面前，王勃竟将纸笔收下，低头沉思。过了一会儿，王勃卷起袖口，挥毫即书。阎都督见是一个少年动笔，不太高兴，走出大厅，凭栏眺望江景，并嘱咐侍从将王勃写的句子，随时抄给他看。

才过一会儿，侍从抄来《滕王阁序》的开头两句：“南昌故郡，洪都新府。星分翼轸，地接衡庐。”这四句的意思是：滕玉阁所在之处过去属南昌郡治，现在归你洪州府。它处在翼、轸二星的分管区域，地面连接衡山、庐山两山。阎都督看了，认为这不过是老生常谈，谁都会写，一笑置之。其实，这十六个字把南昌的历史和地理的概况都交代清楚了，纵横交错，起笔不凡。

接着，侍从又抄来了两句：“襟三江而带五湖，控蛮荆而引瓯越。”阎都督看了有些吃惊。他想，这少年以三江为衣襟，又将五湖为飘带，既控制着南方辽阔的楚地，又接引着东方肥美的越地，大有举足轻重、扭动乾坤之气。写出这样有气魄的句子，没有大胸襟、大手笔是不可能的。

侍从接着抄上来几句，更使阎都督吃惊：“物华天宝，龙光射牛斗之墟；人杰地灵，徐孺下陈蕃之榻。”原来，王勃在这里用了两个典故。前一个典故是说，物有精华，天有珍宝，龙泉剑的光芒直射天上二十八星宿中的斗宿和牛宿之间。意思是洪州有奇宝。后一个典故是说，东汉时南昌人徐孺家贫而不愿当官，但与太守陈蕃是好朋友。陈蕃特地设一只榻，专供接待徐孺之用。意思是洪州有杰出的人才。

阎都督越看越有滋味，越看越钦佩，连声称赞：“妙！妙！妙文难得！”再也不让女婿把预先写好的序文拿出来了。王勃写完后，走到阎都督面前，谦逊地说：“出丑之作，望都督指教。”阎都督高兴地说：

"你真是当今的奇才啊!"于是重新就座，阎都督把王勃奉为上宾，并亲自陪坐。

【出处】《滕王阁序》

【释义】 杰出人物在哪里出生或他曾到过哪里，哪里就成了名胜之地。也指杰出的人物生于灵秀之地。

【例句】 襄阳人杰地灵，历史上出了很多杰出的人物。

如火如荼

春秋末期，吴国国王夫差连续征服了越国、鲁国和齐国，雄心勃勃，又继续向西北进军，打算一鼓作气征服晋国。

可正在这个时候，越王勾践抄了吴王的后路。他带领军队一直打到吴国的国都姑苏（苏州），又派人马占据淮河，把吴王的退路切断了。

这消息给吴王夫差当头泼了一盆冷水，他非常震惊，立即召集文臣武将商量对策。大家说，现在退回去等于打了败仗，还会两头挨打；如果能打败晋国，就等于在诸侯国中当定了霸主，再回去收拾越王勾践也不算晚。

主意已经拿定，当务之急是尽快征服晋国。考虑再三，吴王决定出奇制胜。

一天傍晚，吴王下达了命令。全军将士吃得饱饱的，马也喂足了草料。从全军中挑出三万精兵强将，每一万人摆成一个方阵，共摆三个方阵。每个方阵横竖都是一百人。每一行排头的都是军官司。每十行，也就是一千人，由一个大夫负责。每一个方阵由一名将军率领。中间的方阵白盔白甲，白衣服、白旗帜、白弓箭，由吴王自己掌握，称为中军；左边的方阵，红盔红甲、红衣服，简直就像一团烈火；右边的方阵则一水儿黑色。半夜出发，黎明时分到达离晋军仅有一里路的地方。天色刚刚显出亮色，吴军鼓声大作，欢呼之声震天动地。

晋军从梦中醒来，一看吴军那三个方阵和声威气势，简直都惊呆了：那白色方阵，“望之如荼”——像开满白花的茅草地；那红色方阵，“望之如火”——像熊熊燃烧的火焰；而那黑色的方阵，简直就像深不可测的大海。

【出处】《国语·吴语》

【释义】形容某种人群或事物阵容之大，气势之盛。

【例句】工厂里的工人正在如火如荼地工作着。

如释重负

公元前542年，鲁襄公病死，公子稠继位，史称鲁昭公。当时，鲁国的实际权力，掌握在季孙宿、叔孙豹和孟孙三个卿手里，其中以季孙宿的权力最大，昭公不过是个傀儡。昭公这个国君也不争气，只知游乐，不理国政。生母去世后，他在丧葬期间面无愁容，谈笑自若，还外出打猎取乐。这样，就使他更在国内失去民心。

大夫子家羁见昭公越来越不像样，非常担心，几次当面向昭公进谏，希望他巩固王室的力量，免得被外人夺了政权。但是，昭公不听他的劝告，照样我行我素。日子久了，昭公终于觉察到，季孙宿等三卿在不断壮大势力，对自己已经构成了严重的威胁。于是，他在大臣中暗暗物色反对三卿的大臣，寻找机会打击三卿。

不久，季孙宿死去，他的孙子意如继续执政。大夫公若、邱孙、藏孙与季孙意如有矛盾，打算除掉季孙氏，便约昭公的长子公为密谈这件事。公为当然赞成。公为回宫和两个弟弟商量后，认为父亲昭公肯定怨恨季孙氏专权，因此劝说昭公除掉季孙氏。昭公听说邱孙、藏孙等大夫与季孙氏有矛盾，心里很高兴，就秘密把他们两人召进宫内，要他们一起来诛灭季孙氏。接着，又把子家羁召来，告诉了他这一密谋。不料，子家羁反对说："这可千万使不得！如果这是进谗者利用大王去侥幸行事，万一事情失败，大王就要留下无法洗刷的罪名。"昭公见他坚决反对，喝令他离去。但子家羁表示，现在他已经知道了这件事的内幕，就不能离宫了，否则泄露出去，就不能摆脱责任。于是，他就在宫中住了下来。这年的秋天，三卿之一的叔孙豹因故离开都城，把府里的事情托给家臣翩戾掌管。昭公觉得这是个好机会，没有人会去支援季孙氏，便使邱孙、藏孙率军包围了季孙氏的府第。季孙意如来不及调集军队反击，又不能得到叔孙豹的救援，只好固守府第。他向昭公请求，愿意辞去卿的职务回封地去，或者流亡到国外去。子家羁建议昭公答应季孙意如的请求，但是，邱孙坚持非把他杀掉不可。昭公觉得邱孙的意见对，就听从他的。再说叔孙豹的家臣翩戾得知季孙氏被围的消息，和部下商量后认为，如果季孙氏被消灭，那么接下来会轮到叔孙氏，所以马上调集军队救援季孙氏。昭公的军队没有什么战斗力，见叔孙氏的军队冲过来，马上四散逃走。三卿中还有一家孟孙，见叔孙氏家已经出兵救援季孙氏，也马上派兵前往。路上，正好遇到逃跑退出来的郈孙，便把他抓住杀死。

昭公见三卿的军队已经联合起来，知道大势已去，只好和藏孙一起出奔齐国避难。由于昭公早就失去了民众，所以百姓对他的出奔并不表示同情；倒反觉得减轻了他们身上的重担。

【出处】《谷梁传·昭公二十九年》

【释义】 比喻人在解除某种负担后轻松愉快。

【例句】 姐姐如释重负似的松了一口气。

如鱼得水

诸葛亮，字孔明，襄阳人。刘备，字玄德，涿县（河北）人。东汉末年，天下大乱，豪杰纷起，群雄争霸，刘备为实现自己统一天下的宏愿，多方搜罗人才，特意拜访隐居在隆中卧龙岗的诸葛亮，请他出山。他连去了两次都未能见着，第三次去，才见了面。刘备说明来意，畅谈了自己的宏图大志，诸葛亮推心置腹，提出了夺取荆州、益州，与西南少数民族和好，东联孙权，北抗曹操的战略方针，预言天下今后必将成为蜀、魏、吴三足鼎立的局面。刘备听后大喜，于是拜孔明为军师。

孔明竭力地辅佐刘备，而刘备对孔明的信任和重用，却引起了关羽、张飞等将领的不悦。他们不时在刘备面前表现出不满的神色，秉性耿直的张飞，更是满腹牢骚。刘备耐心地作了解释，他形象地把自己比做鱼，把孔明比做水，反复说明，孔明的才识与谋略，对自己完成夺取天下大业之重要。他说："我刘备有了孔明，就好像鱼儿得到了水一样，希望大家不要再多说了。"

【出处】《三国志·蜀书·诸葛亮传》

【释义】就像鱼儿得到了水，比喻得到了与自己情投意合的人或很适合自己的环境。

【例句】若是他回来了，我们就该如鱼得水，欢喜得不得了。

孺子可教

在秦朝后期，张良辅佐刘邦打败项羽，建立了汉王朝。张良用兵布阵的才能得益于他少年时期的一次偶遇。

一天，张良正在桥上散步，对面走来一位老人。没想到老人的鞋掉到了桥下，老人见张良走过来便说：

“小伙子，你下去帮我把鞋捡上来吧！”

张良不想帮他捡，可一想人家这么大年纪了，捡个鞋也没什么，便下桥捡了鞋上来。这时老人又要求张良把鞋给他穿上。

张良心中十分生气，但一转念，既然捡上来了，再帮老人家穿上也没什么大不了，于是把鞋给老人穿上。

老人起身便走，一句话也不说，张良感觉很奇怪，不一会儿老人返回来，对张良说：

“你这个小孩子值得我教诲，五天以后到桥上见我。”张良一想，这老人肯定大有来头，连声称是。

第五天，张良很早就赶到桥上了，老人已站在那儿，很生气地说：

“小孩子不懂得尊敬老人，还让我等你，过五日再来。”

五日后，张良起了个大早，但老人又先到了，并说同样的话。张良心想，下次我半夜就来。

第五日午夜，张良就到桥上等候。老人来后很高兴，交给张良一部《太公兵法》要他努力钻研，日后定能辅佐帝王成就大业。张良道谢，老人转身而去。

张良发愤研读兵书，终于成就了一番大业。

【出处】《史记·留侯世家》

【释义】小孩能够被教诲，被塑造。

【例句】只要稍微指导，她便可触类旁通，真是孺子可教啊！

入木三分

东晋时期著名的书法家王羲之，取众家之长，创造了一种具有独特风格的书法流派，被后人誉为“书圣”。

王羲之自幼就很有书法天赋，七岁时已崭露头角，写得一手好字。王羲之十二岁那年，在父亲的书房里发现了一本讲解书法的好书，就偷偷拿出来阅读。从此他手不释卷地日夜攻读，一丝不苟地按书中讲的方法运笔练字，书法水平飞速进步。羲之每天练完了字，就到后花园的池塘边清洗笔砚，天长日久，整池水就被墨汁染黑了，可见羲之练字是何等的勤奋刻苦啊！

一日早上，羲之独自一人在山下散步。忽然，他看见一位年老体迈的老妇人拿着十几把纸扇，要到集市上去卖。每把纸扇只能卖二十钱，羲之见老妇人贫苦可怜，就借来笔墨，在每把扇子上题了字，老妇人哪里认识王羲之呀，见他在白白净净的纸扇上写了字，心中叫苦不迭。

王羲之见状笑道：“您只要说这是王右军写的字，保你每把卖一百钱！”老妇人接过纸扇，半信半疑地来到市场上，照着他的话叫卖了一番。人们听了，马上争先恐后地掏钱购买，不一会儿工夫，十几把扇子就被抢购一空，老妇人这才高兴地笑了。相传王羲之曾给朝廷写过祭祀天地神明、祈求国泰民安、五谷丰登的“祝版”。东晋成帝即位后，就命祝版工人更换祝版上的题词。谁知工人们在那块木板上削了好半天，也没能把王羲之原来的字迹刮掉。工人们拿起祝版仔细一看，都大吃一惊，连声赞叹。原来，王羲之写的每个字都人木三分，好像刀刻一般，怎能轻易刮除得掉呢？

【出处】《书断》

【注解】入木：（字迹）透入木板。三分：三分深。

【释义】本来形容笔力强劲。后用来比喻见解、议论深刻。

【例句】他看问题非常犀利，观点入木三分。

塞翁失马

古时候，北方边塞附近有一位老头，人们都管他叫塞翁。他对事物经常有自己独到的见解，而且人缘很好。

一天，塞翁家的一匹马撒起野来，跑出去了。邻居们得知此事，都替他惋惜，纷纷跑到他家里劝慰他。塞翁听了众人的话，满不在乎地说：“不就是丢了一匹马吗？没什么大不了的！依我看，马儿跑了，说不定会给我带来好处呢！”邻居们听得目瞪口呆，谁都不相信会有什么奇迹发生。

不久后，塞翁家的那匹马由于过不惯胡地的生活，自己跑了回来，并且还带来了一匹胡人的骏马。邻居们知道后，又都不约而同地赶来向塞翁祝贺。他们拍着那匹胡马，交口称赞。可塞翁并不为此感到高兴，皱着眉头叹息道："这有什么值得庆幸的。没花分文得了一匹胡马，弄不好会给我家引来灾祸啊！"邻居们听了不以为然，心想：塞翁肯定是老糊涂了，不然怎会连好事坏事都分不清呢？

塞翁的儿子非常喜欢骑马，自从家里添了那匹胡马后，他就整天骑出去游玩。谁知那匹胡马未经驯化，很不听话。有一天，塞翁的儿子被胡马掀翻在地，腿被摔断了，弄了个终生残疾。

邻居们听到此事，都向塞翁表示慰问。可塞翁一点儿也不难过，反而劝慰大家："各位不必为我的孩子难过。他的腿瘸了，虽然很不幸，但也可能因祸得福啊！"

果然，一年之后，胡人挥戈南下，大举入侵边塞。边塞上的所有青壮男人都应征入伍，与胡人展开激战，其中大部分人都死在了战场上。塞翁的儿子因伤残，就没有去当兵打仗，和年迈的塞翁一起保全了性命。

【出处】《淮南子》

【注解】塞：边界险要之处。翁：老头儿。

【释义】比喻坏事在一定条件下可以变成好事。

【例句】没有拿到那本书是塞翁失马，因为我得到了一本更好的书。

三顾茅庐

东汉后期，群雄割据，汉室衰微。皇族刘备痛感汉室没落，决心兴复汉室。听说隐居隆中卧龙岗的诸葛亮是个旷世奇才，刘备决定请诸葛亮出山。

刘备第一次拜访诸葛亮时，诸葛亮避而不见。第二次刘备又去拜访，诸葛亮仍然避而不见。当时，张飞十分生气，但是刘备仍然不泄气。第三次，刘备又一次远道而来拜访诸葛亮。诸葛亮被刘备的诚意打动，亲自出迎。在诸葛亮的茅草棚中他们畅谈当前时局，探讨夺取天下的策略。刘备为诸葛亮的远见卓识所打动。刘备于是拜孔明为军师，请他出山辅助自己复兴汉室，消灭曹操。

诸葛亮出山不久，曹操出兵伐刘备、孙权。诸葛亮献策联合孙权，指挥了著名的赤壁之战，杀得曹操落荒而逃。不久后，诸葛亮又辅助刘备占领荆州、益州，北向中原，建立了蜀汉政权，形成了魏、蜀、吴三国鼎立的局面。

后来，刘备去世，刘禅继位。在经过充分的准备后，诸葛亮打算继续伐魏，在他出师前给刘禅写了一个《出师表》，其中写道：“先帝不以臣卑鄙，猥自枉屈，三顾臣于草庐之中……”

“三顾茅庐”即源于此表。

【出处】《荐福碑》

【释义】原来是指刘备三次到诸葛亮的草舍中拜访。后人常用此成语来形容诚心诚意地多次专程访问或多次邀请。

【例句】刘备三顾茅庐才请出了卧龙先生——诸葛亮。

声东击西

楚汉争霸的时候，汉王刘邦曾率军攻打楚都彭城，结果被项羽的楚军杀得大败，溃逃到了荥阳地区。

当时，许多已经归顺刘邦的将士见势不妙，纷纷向项羽投降。刘邦的降将魏王豹一看苗头不对，也离开汉营，回到了他的封地河南。魏王豹一到河南，马上封锁了黄河西岸的临晋关，切断了汉军的退路，去与楚王项羽谋和。

这样，汉军腹背受敌，形势非常危急。于是刘邦派部将郦生去说服魏王豹，动员他重新投靠汉王。可魏王豹一意孤行，坚决不允。刘邦恼怒万分，就派大将韩信去征讨魏王豹。魏王豹闻讯，立即命柏直为将，率重兵严密防守在黄河西岸的蒲坂一带，以阻止汉军渡河。

韩信率领汉军来到了黄河东岸，他见蒲坂地势险要，易守难攻，而且对岸又有重兵把守，知道从这里强攻是难以取胜的。

于是，韩信决定运用兵法上的“声东击西”战术，准备巧渡黄河天险。为了迷惑柏直，韩信就命少量兵马在蒲坂对岸扎下营寨，并让他们整日操练巡行，做出汉军要从这里强渡黄河的姿态，却暗中调兵遣将，把汉军主力转移到夏阳河口，准备从夏阳偷渡黄河，向魏王豹进攻。果然，柏直中了韩信的计，以为汉军真要从蒲坂渡河了，就向魏王豹报喜。说蒲坂防守得很严密，可谓坚如磐石，汉军休想越过黄河一步，魏王豹现在可以高枕无忧了。

韩信率精锐人马赶到夏阳后，立即命士兵砍树，做了大量木桶，然后三三两两捆在一起，再拴上木排，便制成了渡河用的木筏，神不知鬼不觉地渡过了黄河。汉军一上岸，就直取魏王豹的老巢安邑，魏王豹慌忙召集起队伍，领兵迎战。可魏王豹的乌合之众哪里是汉军的对手呢，结果让汉军杀得惨败，魏王豹自己也被韩信活捉了！

【出处】《史记》

【注解】声：声张。

【释义】表面上声张攻打这一边。实际上却攻打那一边。

【例句】他使用声东击西的战略轻而易举地战胜了敌人。

盛气凌人

在战国时期，诸侯争霸，战事迭起。有一年，秦攻赵，赵危，求助于齐。

齐王接到求援信后，表示一定要让赵太后的小儿子长安君去做人质方肯出兵援助。赵太后一听，连声说："那怎么行？"原来长安君是太后最宠爱的小儿子，所以无论大臣们如何劝谏，她也不同意让长安君去做人质。

前线战事十分危急。这时，赵国的老臣触龙求见太后。太后认为他又是来劝谏的，于是“盛气而胥之”，满脸怒气，等着触龙一开口劝谏就训斥他。触龙进宫以后，先表示了深切的歉意，他说：“我年纪大了，身体也差了，所以没能力多来看望太后了，心里很内疚。”太后一听，原来他不是来劝谏的，心中怒气消了一大半。

触龙见太后脸色和缓下来，便和她谈起了自己如何疼爱小儿子。慢慢地将话题引到太后对儿子的态度上，使赵太后在不知不觉中接受了“爱孩子就应为孩子做长远打算”的道理。随即，赵太后答应了齐国将长安君做人质的要求，赵国的一场灾难也得以避免。

【出处】《元诗纪事·赵孟頫〈讥留梦炎诗〉》引杨载《赵孟頫行状》

【释义】指骄横的气势威逼着别人的样子。

【例句】他总给人一种盛气凌人的感觉，大家都不愿与他交往。

食不甘味

苏秦的连横策略未被秦王采纳后，苏秦说服赵国采取其合纵策略，共抗强秦。

在苏秦的努力下，韩、魏、齐三国分别加入了合纵。于是，苏秦来到了当时比较强大的楚国。见到了楚威王后，苏秦说：“楚国地理位置优越，国力昌盛，兵强马壮，粮草充足，而且有您这样的一位贤君，如此优越的条件正是称霸的基础。但现在楚国却打算侍奉秦国，那当今世上就没有哪个诸侯敢不侍奉秦国了。”

“是啊！”楚王答道。

“实际上，正因为楚国如此强大，秦国最怕的就是楚国，双方可以说是势均力敌。如果秦国联合了诸侯国，他就可以称霸，如果您联合了诸侯国，您就可以称王。称王称霸可以得到其他诸侯国的进奉，您愿意做扬眉吐气的霸主，还是做俯首称臣的弱者呢？”

楚威王听后，感慨地说：“秦国一直有吞并我国之野心。我们又不能同韩魏结盟，因为韩魏一直受秦国的挟制，我每当想起光靠楚国难以抵挡秦国的进攻就睡不安稳，吃东西都没有味道，心就像是悬挂在天空中的旌旗一样摇摆不定，没有一天安定的时候，先生之言有理，我决定参加合纵，与其他诸侯国一致抗秦。”

最终，苏秦说服了各国，形成了合纵。

【出处】《淮南子·泰族训》

【释义】指吃东西都不知道是什么味道，形容某人心中忧虑不安，挂念着某件事情，或者是因忙碌操劳，以至于吃饭都没有味道。

【例句】这个矛盾怎么也解决不了，搞得我真是寝不安席，食不甘味。

世外桃源

陶渊明是晋朝著名的诗人，他性情豁达，不贪求功名利禄。陶渊明早年曾做过彭泽县令，但因不满官场的黑暗，上任仅八十一天就弃官回家，过起了闲逸的隐居生活。

《桃花源记》是陶渊明的一篇代表作，在这篇文章里，他讲了这样一个故事：

晋朝太元年间，武陵郡有个以打鱼为生的人。一天，他外出捕鱼，划着船儿顺流而上，忽然望见了一片茂密的桃花林。渔人从来没见过这么美丽的风景，心里非常惊喜，就继续摇橹沿着桃花林向前划。不一会儿，小船划到了林子的尽头，前方出现了一座青山。只见山脚下有一个狭窄的山口，从里面透出来一丝光亮，渔人便系舟登岸，从山口向里走去。

刚走几步，一片平坦宽阔的田野映入眼帘。田野上，一些男女穿着奇异的装束在忙碌地耕作；田陇上，老人和孩子在无忧无虑地玩乐。

渔人正看得如痴如醉时，桃花源的人发现了他，忙问他是从哪里来的。渔人如实地告诉了他们。桃花源的人热情地把渔人邀请到村子里，杀鸡摆酒款待他。村里人全跑来看渔人，打听这打听那，也把自己的情况告诉渔人。原来，桃花源人的祖辈们为逃避秦朝的战乱，携带妻子儿女躲到了这个谁也不知道的地方，从此再也没出去过。

渔人在桃花源住了几天，就告辞了。临走之前，村里人再三叮嘱他："千万不要把这里的情况同外人讲啊！"渔人走到山外，划船顺原路返回。一路上，他细心地做下了记号。一回到家，就把这件事禀报了太守。太守派人随渔人去找桃花源。可他们迷了路，没找到那个美丽无比的世外桃源。

【出处】《桃花源记》

【释义】原指与现实社会隔绝、生活安乐的理想境界。后亦指环境幽静、生活安逸的地方。

【例句】我的家乡是个世外桃源般的好地方。

势如破竹

三国末年，晋武帝司马炎，夺取魏国政权以后，准备出兵攻打东吴，实现统一全国的愿望。他召集文武大臣们商量灭吴大计。多数人认为，吴国还有一定实力，一举消灭它恐怕不易，不如有了足够的准备再说。

大将杜预不同意多数人的看法，写了一道奏章给晋武帝。杜预认为，必须趁目前吴国衰弱，立即灭掉它，不然等它有了实力就很难打败它了。司马炎看了杜预的奏章，找自己最信任的大臣张华征求意见。张华很同意杜预的分析，也劝司马炎快快攻打吴国，以免留下后患。于是司马炎就下了决心，任命杜预做征南大将军。公元 279 年，晋武帝司马炎调动了二十多万兵马，分成六路，水陆并进，攻打吴国，一路战鼓齐鸣，战旗飘扬，战士威武雄壮。第二年就攻占了江陵，斩了吴国一员大将，率领军队乘胜追击。在沅江、湘江以南的吴军听到风声吓破了胆，纷纷打开城门投降。司马炎下令让杜预从小路向吴国国都建业进发。此时，有人担心长江水势暴涨，不如暂时收兵等到冬天进攻更有利。杜预坚决反对退兵，他说："现在趁士气高涨，斗志正旺，取得一个又一个胜利，势如破竹（像用快刀劈竹子一样，劈过几节后竹子就迎刃破裂），一举攻灭吴国不会再费多大力气了！"晋朝大军在杜预率领下，直冲向吴都建业，不久就攻占建业灭了吴国。晋武帝统一了全国。

【出处】《晋书·杜预传》

【释义】 形容战斗节节胜利，毫无阻挡。

【例句】 红军在这场战役中，接连取得胜利，势如破竹。

水落石出

苏轼字子瞻，号东坡，四川眉山人，北宋时期的大文学家、书画家。他生性豪放，学识渊博，极富文采。在被贬谪黄州时，曾两次游历黄州城外的赤壁，写下了两篇传世之作《前赤壁赋》和《后赤壁赋》。

当时，十月夜晚的月光分外皎洁明媚。苏轼和他的两个朋友沐浴着和煦的秋风，兴致勃勃地一起在城外散步。月白风清的美丽夜景，使他们诗兴大发，和朋友相聚，畅叙友情，更使他们忘记了一切烦恼，他们和歌吟诗，畅所欲言，欢乐之至，无以形容。苏轼突然想到了酒。他急忙赶回家中，询问妻子家中是否有酒。妻子笑了，拿出一罐藏了很久的酒，说这就是供给他临时需要用的。

苏轼大喜过望，连连称谢，拿了酒，赶回朋友中间，来到赤壁下的长江岸边，登上小舟，泛舟游玩。

这时，只听见东流的江水发出潺潺的声响，在万籁寂静的夜晚显得特别清脆，岸边千尺陡壁，峻峭如削。一座座高大的山峰屹立，悬在山峰间的月亮显得小了；江水下落，沉在江水之下的石头，露了出来。

【出处】《醉翁亭记》

【释义】 水落下去，水底的石头就露出来。比喻事情的真相完全显露出来。

【例句】 你不要着急，事情早晚能弄个水落石出。

螳臂当车

很久以前，有只螳螂以其拥有硕大的前臂为傲，目空一切，自认天下无敌。

一天，正好有辆马车走来，车轮直朝螳螂碾去。螳螂感觉正好，忽然看见这么个东西和自己抢道，非常生气，立刻高举双臂冲向车轮，准备挡住车轮，显示一下自己的威风。

结果，螳螂被压得粉身碎骨，而马车则继续隆隆前进，好像什么事都没发生过。

【出处】《庄子·人间世》

【释义】指办事不自量力。做根本没有成功希望的努力。

【例句】他这样螳臂当车，真是不自量力。

天经地义

公元前520年周景王姬贵死后，按习俗由他正夫人所生的世子姬猛继位。但是，景王生前曾与大夫宾孟商讨过，打算立非正夫人所生的长子姬朝为世子。这样，姬朝也有资格继位。于是，周王室发生了激烈的王位之争。

在这种情况下，晋顷公召集各诸侯国的代表在黑壤盟商讨如何使王室安宁。参加商讨的有晋国的赵鞅、郑国的游吉、宋国的乐大心等。

会上，晋国的赵鞅向郑国的游吉请教什么叫“礼”。

游吉回答说：“我国的子产大夫在世时曾经说过，礼就是天之经，地之义，也就是老天规定的原则，大地施行的正理，它是百姓行动的依据，不能改变，也不容怀疑。”

赵鞅对游吉的回答很满意，表示一定要牢记这个道理。其他诸侯国的代表听了，也大都表示有理。

接着，赵鞅提出各诸侯国应全力支持敬王，为他提供兵卒、粮草，并且帮助他把王室迁回王城。

后来，晋国的大夫率领各诸侯国的军队，帮助敬王恢复王位，结束了周王室的王位之争。

【出处】《左传·昭公二十五年》

【释义】 比喻正确的，不可改变的，因而也不容置疑的道理。

【例句】 世界上没有什么事情是天经地义的，万事都要自己努力才能取得成功。

同甘共苦

战国时，燕国太子姬平继承了王位，史称燕昭王。对于怎么治理国家，才能富民强国，燕昭王真感到束手无策。

一天，他听说郭隗善出点子，很有计谋。于是赶紧派人去把郭隗请来，对他说："你能否替我找到一个有本领的人，帮我强国复仇?"郭隗说："只要你广泛选拔有本领的人，并且要亲自去访问他，那么，天下有本领的人就都会投奔到燕国来。""那么我去访问哪一个才好呢?"郭隗回答说："先重用我这个本领平平的人吧！天下本领高强的人看到我这样的人都被您重用，那么，他们肯定会不顾路途遥远，前来投奔您的。"燕昭王立刻尊郭隗为老师，并替他造了一幢华丽住宅。消息一传开，乐毅、邹衍、剧辛等有才能的人，纷纷从魏、齐、赵等国来到燕国，为燕昭王效力。燕昭王很高兴，都委以重任，关怀备至；无论谁家有婚丧娶等事，他都亲自过问。

就这样，他与百姓同事安乐，共渡苦难二十八年，终于把燕国治理得国富民强，受到举国上下的一致拥戴。

【出处】《战国策·燕策》

【释义】 一同尝甜的，也一同吃苦的。比喻有福一起享，有困难一起承担。

【例句】 夫妻间应该同甘共苦，相敬如宾。

投笔从戎

班超和班固兄弟俩生活在东汉初期。哥哥班固的诗和文章写得很出色，很早就做了官，是东汉著名的文学家和历史学家。弟弟班超从小就有远大志向，他做事勤奋，喜好读书，但不喜欢死钻经学，总希望能在军事方面有所作为。

在洛阳时，班家的生活十分贫困，班超只好在衙门里帮公家抄写公文信件，挣点钱贴补家用，供养老母。

可是班超不甘心就这样庸庸碌碌地度过一生，他渴望驰骋疆场，为国建功。一天，他腰酸背疼地抄完一件公文后，实在忍不住了，将笔猛地一扔，感慨地说："男子汉大丈夫，应该学傅介子那样杀敌报国，像张骞那样到边疆建功立业、争取封侯才对，怎么能够老是在笔砚之间混饭吃呢?”周围的人听了，都嘲笑他：“穷小子饭还吃不饱呢，野心倒不小。”班超激动地说：“目光短浅的人，怎能够理解壮士的远大志向呢?”在公元73年，班超实现夙愿的机会终于来了。这一年，北匈奴频频出兵骚扰汉朝，汉明帝派大将军窦固带兵讨伐匈奴。班超投笔从戎，随军北征。他作战英勇，足智多谋，胆略过人，表现出非凡的军事才能，得到了窦固的赏识与重用，提拔为将领。

后来班超奉皇帝的命令，带兵镇守西域三十一年，多次平定匈奴贵族的叛乱，积极开发西域，促进了西域各族人民与汉民族的友好往来，成为卓有功勋的东汉名将。

【出处】《后汉书》

【注解】 投：扔掉、放弃。从戎：参军。

【释义】 弃文就武。

【例句】 抗日战争爆发，许多青年投笔从戎，加入保卫国家的队伍。

土崩瓦解

商纣王是商朝的末代君主，是一个暴虐无道的昏君。他贪恋酒色、荒淫无度，整日花天酒地，寻欢作乐，不理朝政；他听信谗言，重用奸臣，残害忠良，戮杀无辜；他强征暴敛，动用巨资，强迫百姓为自己修建宫苑；他惨无人道，制造种种酷刑，以观看人受刑后的痛苦为乐。在他暗无天日的统治下，百姓无不怨声载道，苦不堪言。

虽说商朝的疆土辽阔广袤，东起东海，西至杳无人烟的沙漠，南至五岭以南的交趾，北至遥远的幽州，军队从容关一直驻扎到蒲水。士兵不下数万，但打起仗来，因为兵士不愿意为纣王战死，所以“倒矢而射”，把兵器扔在一边。商朝军队士气如此低落，商朝的政权自然是岌岌可危了。

所以，当周武王左手擎着用黄金做装饰的大戟，右手举着用牦牛尾装饰的白色旌旗，坐着战车，势不可当地杀来时，所到之处，无不披靡，商纣王军队的溃败，商纣王政权的垮台，就如瓦片的碎裂，泥土的倒塌，迅速而无法挽救。

【出处】《淮南子·泰族训》

【释义】像泥土倒塌，瓦片破裂。比喻彻底垮台或溃败。

【例句】这个团伙无恶不作，在当地警方的努力下，终于土崩瓦解，大快人心。

推心置腹

在西汉后期，王莽篡夺汉朝政权以后，各地爆发了农民起义，其中声势最大的是赤眉军和绿林军起义。公元23年，农民军在昆阳（今河南叶县）与王莽的42万大军展开决战，其中有一个叫刘秀的将领十分勇猛。在这次战役中，王莽惨败，几乎全军覆没。不久，农民军就攻进了京城，杀死了王莽。皇族刘玄被尊为天子，刘秀因立了大功，被封为萧王。

刘秀并不甘心让刘玄做皇帝。他一边在黄河以北与反对刘玄的零散农民军作战，一边扩充自己的势力。公元24年，刘秀在魏州和蒲阳大败赤眉军，收编了投降的部队，封降军的主帅为列侯，其他带兵的军官也都任命了官职。

可这些投降的官兵很不放心，都担心自己将来会被刘秀消灭。刘秀看出他们的心思，便采取了一项出人意料的措施，他下令每位降将仍回旧部，统率原来所属的兵马；他自己则只带很少的随从，到各投降部队去巡视，并不对他们加以戒备，以表示自己对他们绝对放心。这些投降的官兵见刘秀把他们当做自己人，马上解除了心中的疑虑，互相议论说："萧王把自己的心都掏出来，放在别人的腹中（推心置腹），我们还有什么可担心的呢？难道还不该为他赴汤蹈火吗？"于是，人们对刘秀都非常服从。

刘秀这种"推心置腹"的做法，帮助他获得了帝位。他称帝后，没有像汉高祖刘邦那样诛杀功臣，而是赏给他们封地、钱帛与特权，然后劝他们一律回到自己的封地上，去过荣华富贵的生活，不要再过问朝政。他还不时派官员带着异域进贡给他的奇珍异宝，去慰问这些隐退的功臣。这样，刘秀既巩固了皇权，又落得个不杀功臣的美名。

【出处】《后汉书》

【注解】推：取出。置：放入。

【释义】把自己的心放入别人的腹中。比喻待人至诚。

【例句】他们推心置腹地谈了一晚，终于解开了十年的心结。

退避三舍

晋公子重耳在流亡期间曾经沿街乞讨，饱受流离之苦。他在楚国滞留期间，楚成王十分仗义，以招待诸侯的礼节招待他，两人很要好。一次宴会上，楚成王开玩笑似的对重耳说："如果将来公子您回到晋国做了国君，会怎样报答我呢？"重耳想了想，答道："要是托大王的福，我能回国执政的话，我愿意跟贵国交好，让两国老百姓都过上太平日子。万一将来晋、楚两国非交战不可，两军对阵时，我一定命令晋军退避三舍，以报答您的大恩。"不久，重耳拜别了楚成王，应秦穆公的邀请去了秦国。在秦军的护送下，他终于回到晋国执掌了政权，后人称他为晋文公。

晋国在文公的治理下，很有起色。这时楚国也很强大，经常攻打别国。公元前633年，楚将成得臣率领四国联军攻打宋国，团团围住了宋国都城。宋国向晋文公求援，晋文公决定派兵救宋。

晋、楚两军相遇后，晋文公果然信守当年的诺言，下令晋军向后撤退。将士们想不通，说："我们的国君哪能向别国的臣子让路呢！"晋大夫狐偃说："这是向楚成王表示谢意。怎么可以看成是向成得臣让路呢？出兵作战，贵在理直气壮。如果我们不信守主公当年许下的诺言，就是我军理亏。相反，如果咱们退了，他们还不罢休，那就是他们理亏了。"

众将士觉得很有道理，一口气退了三十里，楚军则逼进了三十里。晋军再退，楚军再逼，总共退了九十里。

成得臣以为晋军不敢交战，更加骄横轻敌，结果中了晋军的埋伏，被打得溃不成军，但晋文公没有下令挥师追击，他让楚国的败兵活着逃了回去。

【出处】《左传》

【注解】舍：古代行军三十里为一舍。

【释义】主动退让九十里。比喻对人让步，回避冲突。

【例句】面对他们的无理取闹，我只能退避三舍。

望梅止渴

曹操是位有谋略的政治家与军事家，他带兵作战经常会急中生智，出奇制胜。一年夏天，曹操率兵远途出征，去攻打张绣。一天，烈日当空，暑气逼人，将士们已半天没喝一滴水，大部分将士都渴得没力气了，行军的速度越来越慢。曹操见状，命令部队停止前进，派士兵四下找水。可这地方是一片荒野，没有河流，没有池塘，土地都干得裂开了口。曹操十分着急，怎样才能让部队走出这个死亡地带呢？他眉头一皱，忽然有了一个主意，便勒马跃上一个小土丘，高声对士兵们喊道："有水啦！有水啦！"

将士们一听说有水了，顿时来了精神，东张西望地问："在哪儿？在哪儿？"曹操挥动马鞭往前面一指，说："我看见前面有一大片梅林。现在正是梅子成熟的季节，大家走到那里便可以大吃一顿了。"

一听说有梅子吃，将士们马上联想到梅子酸溜溜、甜滋滋的味道，嘴里的口水马上流了出来，顿时觉得不那么渴了（望梅止渴）。部队振作起精神，大步流星地往前赶，终于走出了这片荒野，来到了有水源的地方。

曹操凭着自己的机智，带领部队战胜了行军途中的艰难险阻，顺利到达了目的地。

【出处】《世说新语》

【注解】望：想象中看到。

【释义】口渴时想到梅子而流口水，因而止渴。比喻借空想来自我安慰。

【例句】一路上将军一直用望梅止渴的方法刺激着军队走出了沙漠。

望洋兴叹

相传很久很久以前，黄河里有一位河神，人们叫他河伯。何伯站在黄河岸上。望着滚滚的浪涛由西而来，又奔腾跳跃向东流去，兴奋地说："黄河真大呀，世上没有哪条河能和它相比。我就是最大的水神啊！"

有人告诉他："你的话不对，在黄河的东面有个地方叫北海，那才真叫大呢。"

河伯说："我不信，北海再大，能大得过黄河吗？"

那人说："别说一条黄河，就是几条黄河的水流进北海，也装不满它。"

河伯固执地说："我没见过北海，我不信。"

那人无可奈何，告诉他："有机会你去看看北海，就明白我的话了。"

秋天到了，连日的暴雨使大大小小的河流都注入黄河，黄河的河面更加宽阔了，隔河望去，对岸的牛马都分不清。这一下，河伯更得意了，以为天下最壮观的景色都在自己这里，他在自得之余，想起了有人跟他提起的北海，于是决定去那里看看。

河伯顺流来到黄河的入海口，突然眼前一亮，海神北海若正笑容满面地欢迎他的到来，河伯放眼望去，只见北海汪洋一片，无边无涯，他呆呆地看了一会儿，深有感触地对北海若说："俗话说，只懂得一些道理就以为谁都比不上自己，这话说得就是我呀。今天要不是我亲眼见到这浩瀚无边的北海，我还会以为黄河是天下无比的呢！那样，岂不被有见识的人永远笑话。”

【出处】《庄子·秋水》

【释义】 比喻要做某事而力量不够，感到无可奈何。

【例句】 树上的桃子太高了，我够不着，只能“望洋兴叹”。

卧薪尝胆

在春秋后期，吴越两国交战时，吴军战胜，乘势攻破了越国的都城会稽。越王勾践为复兴越国，假装向吴王投降。

吴王夫差为了实现霸业，显示自己宽宏大度，决定不杀勾践，将他带回了吴国，让他做马夫。

夫差每次坐车出去，勾践就得给他牵马，吴国的老百姓跟在后面指着勾践说：“瞧啊，咱们大王的新马夫！”勾践忍辱负重，就装作没听见。

就这样过了三年。勾践住在石屋里，整天干着喂马、扫马粪的脏活，百般小心地伺候夫差，尽力装得非常驯服，脸上从不流露怨色。

夫差见勾践如此忠诚，反而觉得过意不去了，对勾践说：“你待我不错，我放你回国吧。”

勾践被放回国以后，他发誓要报仇雪恨。他唯恐宫廷里舒适的生活会磨掉自己的志气，下令把软绵绵的褥子揭去，换成硬柴草。他还在餐桌上方挂了一只苦胆，每到吃饭时，总要先尝尝苦胆的味道。经过十年苦熬，越国的实力越来越强大，慢慢地超越了吴国。

勾践卧薪尝胆、发愤图强之际，吴王夫差却穷兵黩武，纵情声色。公元前428年，他不听大臣的忠告，派兵攻打齐国，一时间国内怨声载道。勾践乘机攻打吴国，并攻进了吴都姑苏。

夫差急忙派人求和，勾践估计自己的兵力一时还不能彻底消灭吴国，就答应了议和的条件。几年后，勾践再次率军进攻吴国，以横扫千军之势，长驱直入，歼灭了吴国的军队。

【出处】《史记》

【注解】薪：柴草。胆：苦胆。

【释义】睡在柴草上，尝着苦胆。比喻刻苦自勉，发愤图强。

【例句】我们的体育健儿要想取得好成绩，必须卧薪尝胆，刻苦训练。

洗耳恭听

箕山许由名气很大，尧年老时想禅位于他，于是派人到箕山迎请。

许由听完使者的来意，马上跑了出去，一直来到山下的颍水岸边，舀水洗耳。

隐士巢父正巧在附近饮牛，觉得许由的举动有些奇怪，于是上前探问。许由说：“尧派人请我接他的位子做九州之长，这简直是在弄脏我的耳朵，所以赶快下山洗耳呀！”

巢父听了非常不屑，对许由说：“你一向喜欢张扬招摇，贪图虚名，现在搞成这样，又来洗耳朵！快别让洗耳的脏水玷污了我小牛的嘴！”说完，牵牛向上游走了。

【出处】《此山集·秋霁》

【释义】 原作“箕山洗耳”，指自命清高。现用作恭敬地准备听对方说话。

【例句】 对于你的说法，我们洗耳恭听。

相敬如宾

在春秋时，晋国大臣郤芮冈因罪被杀，儿子郤缺也被废为平民，务农为生。郤缺不因生活环境和个人际遇的巨大变化而怨天尤人，而是一面勤恳耕作以谋生，一面以古今圣贤为师刻苦修身，德行与日俱增，不仅妻子深为仰慕，就连初次结识的人也无不赞叹。

有一次，郤缺在田间锄草，妻子把午饭送到地头，非常恭敬地跪献在丈夫面前，郤缺连忙接住，频致谢意。夫妻俩相互尊重，饭虽粗陋，倒也吃得有滋有味。

他们感动了路过此地的晋国大夫臼季，一番攀谈，认为郤缺是治国之才，极力举荐他为下军大夫，后来郤缺立大功，升为卿大夫。

【出处】《左传·僖公三十三年》

【释义】指夫妻间相互尊重，如同对待宾客一样。

【例句】爸爸妈妈结婚快十年了，仍然是相敬如宾。

小心翼翼

宋朝时有个很有学问的人，名叫贾黄中，他五岁起跟父亲读书。

由于父亲的严格要求，贾黄中十五岁就考中进士，当了校书郎。贾黄中为官清廉正直。他在任宣州太守时，有一年闹灾荒，百姓饿死不少。贾黄中就用自家的米做饭，救活了几千人。他在金陵任职的时候，发现府库内藏有几十匣金银宝贝，价值连城，马上清理上报朝廷。

宋太宗十分高兴，夸奖他说，若不是他廉洁奉公，这些前朝的宝贝一定会丢失；此外还特地召见了贾黄中的母亲，赞扬她教子有功，可以比作孟子的母亲。

但是，贾黄中办事过分认真、慎重，遇到大事往往不能当机立断。后来他被派往外地任职，在向太宗辞行时，太宗告诫他说："做事恭谦，小心谨慎，不论是做君的还是做臣的都应该这样，但是如果做得太过分了，就失去了大臣的身份。"贾黄中死时，家中很穷，皇帝特地赐钱三十万，又给他老母亲白银三百两，以表彰他为官廉洁无私，他母亲教子有方。

【出处】《诗经·大雅·大明》

【释义】形容举动十分谨慎，一点不敢疏忽。

【例句】他做事总是小心翼翼的，生怕出错。

胸有成竹

北宋画家文同，字与可。他画的竹子远近闻名，每天总有不少人登门求画。文同画竹的妙诀在哪里呢？原来，文同在自己家的房前屋后种上各种各样的竹子，无论春夏秋冬，阴晴风雨，他经常去竹林观察竹子的生长变化情况，琢磨竹枝的长短粗细，叶子的形态、颜色，每当有新的感受就回到书房，铺纸研墨，把心中的印象画在纸上。日

积月累，竹子在不同季节、不同天气、不同时辰的形象都深深地印在他的心中，只要凝神提笔，在画纸前一站，平日观察到的各种形态的竹子立刻浮现在眼前。所以每次画竹，他都显得非常从容自信，画出的竹子，无不逼真传神。

当人们夸奖他的画时，他总是谦虚地说："我只是把心中琢磨成熟的竹子画下来罢了。"

有位青年想学画竹，得知诗人晁补之对文同的画很有研究，前往求教。晁补之写了一首诗送给他，其中有两句："与可画竹，胸中有成竹。"

【出处】《文与可画筼筜谷偃竹记》

【释义】比喻做事之前已做好充分准备，对事情的成功已有了十分的把握；又比喻遇事不慌，十分沉着。

【例句】我们老师思维敏捷，当我们有问题问他时，他总是胸有成竹地回答我们。

一败涂地

秦朝时候，沛县县令叫泗水亭长刘邦押送一批老百姓到骊山做苦工，不料走到半路上，接二连三地逃走了很多，刘邦想：这样下去，不等到骊山，就一定会逃光，自己免不了要被治罪，他想来想去，索性把没有逃跑的都释放了，自己和一些不想走的人躲在芒、阳两县交界的山泽中。

秦二世元年，陈涉在大泽乡起兵反秦，自称楚王。沛县县令想归附，部属萧何和曹参建议说："你是秦朝县令，现在背叛秦朝，恐有些人不服，最好把刘邦召回来，挟制那些不服的人，那就好办了。”沛县县令立即叫樊哙去请刘邦。可是当刘邦回来时，沛县县令见他领有近百人，恐他不服从自己的指挥，又懊悔起来。于是下令紧关城门，不让刘邦进城。刘邦在城外写了一封信，绑在箭上射给城里的父老，叫沛县父老们齐心杀了县令，共同抗秦，以保全家。父老们果真杀掉了县令，打开城门，迎接刘邦进沛县，并请他做县令。刘邦谦虚地说："天下形势很紧张，假若县令的人选安排不当，就会‘一败涂地’，请你们另外选择别人吧！"

但最后，刘邦还是当了县令，称做沛公。

“一败涂地”本来是一旦破败，就要将肝脑涂在地上的意思。但后人则一直借用它说明失败之后不可收拾的情势。

【出处】《史记·高祖本纪》

【释义】比喻事情失败，弄到不可收拾的地步。

【例句】这场球我们输得一败涂地。

一曝十寒

战国时代，百家争鸣，游说之风十分盛行。一般游说之士，不但有高深的学问、丰富的知识，而且以深刻生动的比喻，来讽劝执政者。孟子也是当时的一个著名辩士，在《孟子·告子》上篇中有这样一段记载：

孟子对齐王的昏庸，做事没有坚持性、轻信奸佞谗言很不满，便不客气地对他说：“王也太不明智了，天下虽有生命力很强的生物，可是你把它在阳光下晒了一天，却放在阴寒的地方冻了它十天，它哪里还活得成呢！我跟王在一起的时间是很短的，王即使有了一点从善的决心，可是我一离开你，那些奸臣又来哄骗你，你又会听信他们的话，叫我怎么办呢？”接着，他便打了一个生动的比喻：“下棋看起来是件小事，但假使你不专心致志，也同样学不好，下不赢，弈秋是全国最善下棋的人，他教了两个徒弟，其中一个专心致志，处处听奕秋的指导；另一个却老是盼着有大天鹅飞来，准备用箭射鹅。两个徒弟是一个师傅教的，一起学的，然而后者的成绩却差得很远。这不是他们的智力有什么区别，而是专心的程度不一样啊！”

这是一个很有教育意义的故事，我们要学习一样东西、做好一件事情，是非专心致志、下苦功夫不可的。若是今天做一些，把它丢下了，隔十天再去做，那么事情怎样做得好呢？求学、做事能否成功，这也是个决定因素之一。故后来的人便将孟子所说的“一日暴之，十日寒之”精简成“一曝十寒”一句成语。

【出处】《孟子·告子上》

【释义】 比喻做事无恒心。

【例句】 做任何事情都要持之以恒，决不能一曝十寒。

一鸣惊人

战国时代，齐国有一个名叫淳于髡的人。他的口才很好，也很会说话。他常常用一些有趣的隐语，来规劝君主，使君主不但不生气，而且乐于接受。

当时齐国的威王，本来是一个很有才智的君主，但是，在他即位以后，却沉迷于酒色，不管国家大事，每日只知饮酒作乐，而把一切正事都交给大臣去办理，自己则不闻不问。因此，政治不上轨道，官吏们贪污失职，再加上各国的诸侯也都趁机来侵犯，使得齐国濒临灭亡。

虽然齐国的一些爱国之人都很担心，但是，却都因为畏惧齐王，所以没有人出来劝谏。

其实齐威王是一个很聪明的人，他很喜欢说些隐语来表现自己的智慧，虽然他不喜欢听别人的劝告，但如果劝告得法的话，他还是会接受的。淳于髡知道这点后，便想了一个计策，准备找个机会来劝告齐威王。

有一天，淳于髡见到了齐威王，就对他说："大王，为臣有一个谜语想请您猜一猜：齐国有只大鸟，住在大王的宫廷中，已经整整三年了，可是他既不振翅飞翔，也不发声鸣叫，只是毫无目的地蜷伏着，大王您猜，这是一只什么鸟呢？"

齐威王本是一个聪明人，一听就知道淳于髡是在讽刺自己，像那只大鸟一样，身为一国之尊，却毫无作为，只知道享乐。而他实在也不是一个昏庸的君王，于是沉吟了一会儿之后便毅然地决定要改过，振作起来，做一番轰轰烈烈的事，因此他对淳于髡说：

“嗯，这一只大鸟，你不知道，它不飞则已，一飞就会冲到天上去，它不鸣则已，一鸣就会惊动众人，你慢慢等着瞧吧！”

从此齐威王不再沉迷于饮酒作乐，而开始整顿国政。首先他召见全国的官吏，尽忠负责的，就给予奖励；而那些腐败无能的，则加以惩罚。全国上下，很快就振作起来，到处充满蓬勃的朝气。

另一方面他也着手整顿军事，强大武力，奠定国家的威望。各国诸侯听到这个消息以后都很震惊，不但不敢再来侵犯，甚至还把原先侵占的土地，都归还给齐国。

齐威王的这一番作为，真可谓是“一鸣惊人”呀！

所以后来的人便把“一鸣惊人”这句成语用来比喻一个人如有不平凡的才能，只要他能好好的运用，一旦发挥出来，往往有惊人的作为。

【出处】《史记·滑稽列传》

【释义】以鸟喻人，表示奋发图强。现比喻平时默默无闻，一下子作出惊人之举。

【例句】在这次的机器人设计大赛中小红一鸣惊人，夺得了全市第一名。

一窍不通

纣王整日胡作非为，并不尽心朝政，沉湎于酒色，轻信宠妃妲己的谗言，过着荒淫无道的生活。

纣王有一个臣子叫比干，是一位忠心的良臣。他看到纣王如此昏庸，心中十分着急，多次苦口婆心劝谏纣王改邪归正，为民多做好事。

有一次，纣王听信了妲己的话，下令杀害了无辜的梅伯，并要把梅伯剁成肉酱。比干知道此事后，又急忙劝谏纣王，希望他不要听信妲己的谗言，错杀无辜，并说这样下去是要亡国的。比干一连几天极力劝谏纣王，引起了纣王的极大不满。

纣王愤怒地嚷道："我早就听说圣人的心有七窍，我要把他杀了，取出心来看个究竟！"纣王果真杀了比干，并挖出了他的心。孔子说起这件事，感叹道："纣王心窍不通，如果通了一窍，那么比干就不会被杀害了！"

【出处】《吕氏春秋·过理》

【释义】 比喻对事物不理解，一点儿也不懂。

【例句】 我对电脑知识一窍不通。

一事无成

唐朝的时候，有一个人当了省郎的官，因官运不怎么亨通，不管做什么事情，往往都不如他的心意，所以时时出去，想借游玩散散心。有一天，他到了京国寺，游倦了，就寄宿在寺里。晚上做了一个梦：他走到一处岩石下，碰到一位老和尚；在老和尚的面前，有一个极小的香炉，炉内檀香烟袅袅上升。老和尚对省官说道："这小香炉中的香烟还是你许愿时留存下来的，现在你已做了三世人了。第一世你是唐玄宗时代的剑南安抚巡官；第二世你是宪宗时候的西蜀书记，第三世就是现在的省郎官。"他听了老和尚这番话，恍然有点觉悟，仿佛记忆三世所做的官，都是庸庸碌碌，一事无成。

于是，他再也不愿意在宦海里浮沉，对人生似乎恍然彻悟。

【出处】《除夜寄微之》

【释义】指什么事情都做不成。形容毫无成就。

【例句】他都大学毕业四年了，还一事无成。

一网打尽

晋公子夷吾和公子重耳是两兄弟。夷吾得秦国和齐国的帮忙，登上国位，就是晋惠公。可是惠公的大臣分为两派，拥护惠公的一派以却芽和吕省为首。暗里拥护重耳的一派以里克和丕郑为首。可是这班人对晋惠公个人来说都是有功的。当丕郑到秦国去公干的时候，惠公借故杀了里克。丕郑回来后，心里很恐惧，生怕自己也被惠公杀掉。可是事情倒没什么对他不利的，他就安心下来。当然，他心里很恨惠公，便暗地召集同党，商量赶走夷吾，迎公子重耳登位。有一天，屠岸夷要来见丕郑。他从午间等到深夜，才见着丕郑。丕郑问他有什么事情，屠岸夷告诉他，惠公要杀他，所以请丕郑相救。

丕郑说："你去叫吕省救你吧！"屠岸夷说："吕省不是好人，我正要喝他们的血，吃他们的肉呢！"丕郑不大相信。屠岸夷还大谈怎样推翻惠公的办法。丕郑听了，大声喝道："是谁教你来说的！"屠岸夷见他不信，只好咬破了指头，鲜血直流，对天发誓说："天老爷在上，我如有三心二意，叫我全家都死光。"这么一来，丕郑就相信了，接着，他们写了一封信给重耳，请他准备回来。丕郑、共华、屠岸夷等十位大臣都签了字。

屠岸夷把信贴胸带走了。第二天，他们上朝，惠公问丕郑说："你们为什么要迎公子重耳？"丕郑这一班人都吃了一惊，心知不妙。于是，都被缚去砍了头。这九位反对夷吾的大臣全都被一网打尽了。

【出处】《东轩笔录》

【释义】比喻把自己的对立面或坏人全部逮住或彻底消灭。

【例句】警方经过数周的周密部署，终于将犯罪分子一网打尽。

一叶障目

从前，楚国有个书呆子，家里很穷。

一天，他正在看书，忽然看到书上写着："如果得到螳螂捕捉知了时用来遮身的那片叶子，就可以把自己的身体隐蔽起来，谁也看不见。"于是他想："如果我能得到那片叶子，那该多好呀！"

从这天起，他整天在树林里转来转去，寻找螳螂捉知了时藏身的叶子。终于有一天，他看到一只螳螂隐身在一片树叶下捕捉知了，他兴奋极了，猛一下扑上去摘下那片叶子，可是，他太激动了，一不小心那叶子掉在地上，与满地的落叶混在一起。他待了一会儿，拿来一只簸箕，把地上的落叶全都收拾起来，带回家去。回到家里他想："怎样从这么多叶子中拣出可以隐身的叶子呢？"

他决心一片一片试验。于是，他举起一片树叶，问他的妻子说："你能看得见我吗？""看得见。"他妻子回答。"你能看得见吗？"他又举起一片树叶说。“看得见。”妻子耐心地回答。

他一次次地问，妻子一次次地回答。到后来，他妻子厌烦了，随口答道：“看不见啦!”

书呆子一听乐坏了。他拿了树叶，来到街上，用树叶挡住自己，当着店主的面，伸手取了店里东西就走。

店主惊奇极了，把他抓住，送到官府去。县官觉得很奇怪，居然有人敢在光天化日之下偷东西，便问他究竟是怎么回事，书呆子说了原委，县官不由哈哈大笑，把他放回了家。

【出处】《笑林》

【释义】 比喻被眼前细小的事物所蒙蔽，而看不到事物的真实情况以及主流和本质。

【例句】 评判一个事件要全程分析，不能一叶障目不见泰山。

一衣带水

隋文帝杨坚取代北周皇帝，建立了隋朝。隋文帝有志于统一全国，在北方实行了一系列富国强兵的政策，国力大增。而当时长江南岸的陈朝后主陈叔宝却十分荒淫，不理朝政。他虽知道隋文帝有意征伐，却依恃长江天险，并不把这事放在心上。

一次，隋文帝向仆射（官名）高颖询问灭陈的计策，高颖回答说：“江南的庄稼比江北成熟得早，我们在他们的收获季节，扬言出兵，他们一定就会放弃农时，屯兵防守；他们做好了准备，我们便不再出兵。这样来几次，他们便不会相信。等他们不作准备，我们突然真的出兵渡江，便可打得他们措手不及。另外，江南的粮食不像我们北方囤积在地窖中，而囤积在茅、竹修建的仓库中，我们可暗地差人前去放火烧毁它，如果连烧几年，陈朝的财力就大大削弱了，灭掉它也就容易得多了。”

隋文帝采取了高颖的计策，经过七年的准备，在公元588年冬下令伐陈。出发前，他对高颖说：“我是天下老百姓的父母，难道能够因为一条像衣服带子一样狭窄的长江的阻隔，而不去拯救那里的老百姓吗？”隋文帝志在必得，派晋王杨广为元帅，率领五十万大军渡江南下，向陈朝的都城建康发动猛烈的进攻，并很快就攻下建康，俘获了陈后主，灭掉了陈朝。

【出处】《南史·陈后主纪》

【释义】像一条衣带那样狭窄的水域。原指窄小的水面间隔。后泛指地域相近，仅隔一水。

【例句】我们两个村子一衣带水，应该互相帮助，共同发展。

一意孤行

西汉时期，有个叫赵禹的人，是太尉周亚夫的属官，一个偶然的机会，汉武帝刘彻看到了他写的文章文笔犀利，寓意深刻，认为在当时很少有人及得上他。

汉武帝大为赏识，便让赵禹担任御史，后又升至太中大夫，让他同太中大夫张汤一同负责制定国家法律。

为了用严密的法律条文来约束办事的官吏，他们根据汉武帝的旨意，对原有的法律条文重新进行了补充和修订。

当时许多官员都希望赵禹能手下留情，把法律条文修订得有个回旋的余地，便纷纷请他和张汤一起做客赴宴，但赵禹从来不答谢回请。几次以后，不少人说他官架子大，看不起人。

过了一些时候，赵禹和张汤经过周密的考虑和研究，决定制定“知罪不举发”和“官吏犯罪上下连坐”等律法，用来限制在职官吏，不让他们胡作非为。

消息一传出，官员们纷纷请公卿们去劝说一下赵禹，不要把律法修订得太苛刻了。

公卿们带了重礼来到赵禹家，谁知赵禹见了公卿，只是天南海北地闲聊。丝毫不理会公卿们请他修改律法的暗示，过了一会儿，公卿们见实在说不下去了，便起身告辞。谁知临走前，赵禹硬是把他们带来的重礼退还。

这样一来，人们才真正感到赵禹是个极为廉洁正直的人，有人问赵禹，难道不考虑周围的人因此对他有什么看法吗？他说：“我这样断绝好友或宾客的请托，就是为了自己能独立地决定、处理事情，按自己的意志办事，而不受别人的干扰。”

【出处】《史记·酷吏列传》

【释义】 原意为谢绝请托，按照自己的意见去处理案件。现指顽固按照自己的想法，独断独行，不采纳他人的意见。

【例句】正是小明的一意孤行，才导致今天我们试验的失败。

以卵击石

有一年，墨子前往北方的齐国。途中遇见一个叫“曰”的人，对墨子说：“您不能往北走啊，今天天帝在北边杀黑龙，你的皮肤很黑，去北方是不吉利的呀！”墨子说：“我不相信你的话！”说完，他继续朝北走去。但不久，他又回来了，因为北边的淄水泛滥，无法渡过河去。名叫“曰”的那人得意地对墨子说：“怎么样？我说你不能往北走嘛！遇到麻烦了吧？”墨子微微一笑，说：“淄水泛滥，南北两方的行人全都受阻隔。行人中有皮肤黑的，也有皮肤白的，怎么都过不去呀？”“曰”听后支吾着说不出话来。墨子又说：“假如天帝在东方杀了青龙，在南方杀了赤龙，在西方杀了白龙，再在中央杀了黄龙，岂不是让天下的人都动弹不得了吗？所以，你的谎言是抵挡不过我的道理的，就像拿鸡蛋去碰石头，把普天下的鸡蛋全碰光了，石头还是毁坏不了。”

“曰”听了羞愧地走了。

【出处】《墨子·贵义》

【释义】比喻自不量力，自取灭亡。

【例句】你明知不是他的对手，何必贸然地以卵击石自取其辱呢？

以貌取人

孔子有许许多多弟子，其中有一个名叫宰予的，能说会道，利口善辩。他开始时留给孔子的印象不错，但后来渐渐地露出了真相：既无仁德又十分懒惰；大白天不读书听讲，躺在床上睡大觉。为此，孔子骂他是“朽木不可雕”。孔子的另一个弟子，叫澹台灭明，字子羽，是鲁国人，比孔子小三十九岁。子羽的体态和相貌很丑陋，想要侍奉孔子。孔子开始时认为他资质低下，不会成才。但他从师学习后，回去就致力于修身实践，处事光明正大，不走邪路；不是为了公事，从不去会见公卿大夫。后来，子羽游历到长江，跟随他的弟子有三百人，声誉很高，各诸侯国都传诵他的名字。孔子听说了这件事，感慨地说：“我只凭言辞判断人品质能力的好坏，结果对宰予的判断就错了；我只凭相貌判断人品质能力的好坏，结果对子羽的判断又错了。”

【出处】《史记·仲尼弟子列传》

【释义】 只根据外貌来判断人的品质能力的好坏。

【例句】 我们要提醒孩子们，不要以貌取人。

有备无患

春秋时，晋悼公当了国君以后，想重振晋国的威名，像他的先祖晋文公一样，称霸诸侯。这时，郑国是一个小国，一会儿和晋结盟，一会儿又归顺楚国。晋悼公很生气，公元前562年，他集合了宋、鲁、卫、刘等11国的部队出兵伐郑。郑简公兵败投降，给晋国送去大批礼物，有兵车一百辆，乐师数名，一批名贵乐器和十六个能歌善舞的女子。晋悼公很高兴，把这些礼物的一半赏赐给魏绛，说："魏绛，是你劝我跟戎、狄和好，又安定了中原各国；八年来，我们九次召集各国诸侯会盟。现在我们和各国的关系，就像一曲动听的乐曲一样和谐。郑国送来这么多礼物，让我和你同享吧！"魏绛说："能和狄、戎友好相处，这是我们国家的福气，大王做了中原诸侯的盟主，这是凭您的才能，我出的力是微不足道的。不过，我希望大王在安享快乐的时候，能够多考虑一些国家的未来。《尚书》里说：'在安定的时候，要想到未来可能会发生的危险；您想到了，就会有所准备，有所准备，就不会发生祸患。'我愿意用这些话来提醒大王！"

【出处】《左传·襄公十一年》

【释义】事先有了充分的准备，就不会产生祸患。

【例句】我们要多加思考，以便对各种可能出现的情况，做到有备无患。

有志者事竟成

有一次，刘秀派耿弇去攻打占据山东青州十二郡的豪强张步。张步兵强马壮，是耿弇的一个劲敌。张步听说耿弇率兵来攻。就派大将军费邑等分兵把守历下、祝阿、临淄，准备迎击。耿弇先攻下祝阿，此后用计相继攻下历下和临淄。张步着急起来，亲自带兵反攻临淄，于是在临淄城外进行了一场生死搏斗的大血战。在战斗中，耿弇大腿中了一箭，可是他勇敢地用佩刀砍断箭杆，带伤仍坚持战斗。刘秀闻讯，亲自带兵前来支援。在援兵还未到达的时候，部将陈俊认为张步兵力强大，建议暂时休战，等到援兵来后再发动进攻。可是耿弇却认为不能把困难留给别人，经过一场激烈的战斗，耿弇终于把张步打得大败。几天后，刘秀来到临淄，慰劳军队。他在许多将官面前夸奖耿弇说："过去韩信破历下开创基业，现在将军攻克祝阿，连战连捷，两功相仿，从前你在南阳曾建议请求平定张步，我当时以为你口气太大，恐怕难以成功，如今才知道，有志者事竟成啊！"

【出处】《后汉书·耿弇传》

【释义】指只要有坚定的信念和决心，就能够取得成功。

【例句】任何时候都要相信"有志者事竟成"，只要有恒心与毅力，你就是最大的胜者。

运筹帷幄

张良是汉朝的开国功臣。他本是韩国人，韩国被秦国灭掉后，张良立志为韩国报仇，他变卖家产，到外面去结交英雄好汉。后来，他果然认识了一位勇士，就随他去刺杀秦始皇。张良为此专门铸造了一个重一百二十斤的大铁锤。遗憾的是，这次刺杀行动失败了，张良受到通缉，便逃到下邳（今江苏邳县）。他在下邳隐姓埋名，一面钻研兵法，一面等候时机。

下邳距刘邦的家乡沛县很近。刘邦起兵后，张良就加入了他的部队。张良身体不好，从未带兵作过战。但他足智多谋，为刘邦出了许多好主意。因此，他和萧何、韩信被称为“汉初三杰”，成为刘邦的主要谋士。

公元前202年，刘邦正式当上皇帝，称汉高祖。汉高祖举办了一次盛大的庆功宴会，席间他对大臣们说：“我们今天欢聚一堂，说话不要有顾忌。你们说说，我是怎样得天下的？项羽又是怎样失天下的？”

大臣王陵等说：“皇上对将士有封有赏，所以大家肯为皇上效力；项羽嫉贤妒能，打了胜仗，就忘了人家的功劳，所以失去了天下。”

汉高祖笑了笑，说：“你们只知其一，不知其二。要知道，是成功还是失败，全在用人的得当与否。运筹帷幄之中，决胜于千里之外，我不如张良；镇守国家，安抚百姓，供应军饷，不绝粮道，我不如萧何；统领百万大军，无战不胜，无城不克，我不如韩信。这三个人，都是当代的人杰，我能用他们之所长，正是我取得天下的根本原因。项羽连一个范增都不能用，还谈什么拥有天下呢？”大家都十分佩服汉高祖的高见。一年后，张良被封为“留侯”。

【出处】《汉书·高帝纪》

【注解】 筹：谋划。帷幄：古代军中帐幕。

【释义】 在帐幕中谋划军机。常指在后方制定作战方案。

【例句】 诸葛亮挥羽扇，运筹帷幄。

朝三暮四

在战国时，宋国有位老人，他十分喜欢猴子，家里养了好多，整天围着他转悠，和他一起玩，跟自己的孩子一样。所以，左邻右舍都称他“狙（古书里指猴子）公”。

狙公很会揣摩猴子的心理，猴子也听得懂狙公的话，他们生活得很快乐。

狙公的家境不好，口粮也不多。而猴子们吃东西时总是狼吞虎咽，一个比一个胃口大。狙公宁愿自己勒紧裤腰带，也不忍心让猴子们挨饿，就这样，斗里吃完了，吃瓮里的；瓮里吃完了，吃罐里的……眼看一个个都底朝天了。这该怎么办呀？狙公犯了愁，想来想去只有忍痛减少猴子们的粮食了。但他又担心猴子们不乐意，就哄骗它们说：“以后，给你们吃橡栗，早上三颗，晚上四颗。够吃了吗？”猴子们听说早上只吃三颗，都生气了，“吱吱”乱叫，左蹿右跳，有的去抓狙公的手指，有的去拽狙公的胡子，有的去挠狙公的痒痒。还有的干脆把狙公的鞋子藏了起来，弄得狙公哭笑不得。

狙公想了一会儿，便有了主意。他和颜悦色地对猴子们说：“好了，好了，别吵啦，我改正还不行吗？以后给你们吃橡栗，干脆早上四颗，晚上三颗，这样总可以了吧！”说完，还亲切地拍了拍一只小猴子的脑袋。

猴子们一听，早上增加了一颗，非常满意，摇头摆尾，好开心。老猴子一声召唤，群猴一齐伏下身子，不住地给狙公磕起头来——它们是在向狙公感恩哩。狙公看着这情景，也捋着长胡子高兴地笑了。

【出处】《庄子》

【注解】 朝：早上。暮：晚上。

【释义】 原指使用诈术进行欺骗，后多指反复无常。

【例句】 我们应该珍惜彼此之间的友谊，不能朝三暮四。

郑人买履

从前，有一个人，他想买一双鞋子。去集市前，他特地用一根麦秸量了脚的尺寸，然后高高兴兴地出了门。

集市上人来车往，十分热闹，郑人好不容易才穿过人群来到鞋铺。他对卖鞋的伙计喊道：“掌柜的，我要买鞋！”

伙计低下头看了看郑人的脚，拿起一双鞋递过去。郑人接过鞋后，就到怀里去掏麦秸，想把鞋子的大小量一量。但是，他东摸摸西摸摸，什么也没摸着。

伙计十分奇怪，就问：“你把什么弄丢了？”

郑人也不回答，只是一个劲儿地在身上寻找麦秸，脸都急红了。忽然，他一拍脑袋，对伙计说：“对不起，我把鞋的尺码忘在家里了，等我回去把尺码拿来再买。”说罢转身就朝家里跑去。

郑人回到家以后，果然在床上找到了那根用来量尺码的麦秸。他拿上便又匆匆朝鞋铺赶去，可是集市已经散了，鞋铺也已关门了。他白白跑了一天的路，累得气喘吁吁、汗流浃背，却还是没有买到鞋子。

路上有个行人看见郑人站在那里发愣，就停下来问他出了什么事。郑人把事情的经过说了一遍，行人问他：“你是替自己买鞋，还是帮别人买鞋？”

郑人说：“当然是替我自己买。”

行人忍不住笑道：“既然是买自己的鞋，那你为什么不自己穿上试一试呢？”

郑人认真地说：“不行，我只相信量好的尺码，不相信自己的脚！”

【出处】《韩非子》

【注解】履：鞋子。

【释义】讽喻那些只相信教条、不顾客观实际的人。

【例句】做事要善于灵活变通，不要做类似“郑人买履”的蠢事。

纸上谈兵

战国时期，著名的将领赵奢，曾为赵国立下过汗马功劳。赵奢的儿子叫赵括，从小就熟读各种兵书，常与父亲谈论如何用兵，夸夸其谈，头头是道。赵括的母亲见儿子这样，很高兴，赵括更是得意，自以为天下无敌。然而赵奢却很替儿子担心，认为赵括只不过是纸上谈兵，还说：“将来赵国不用赵括便罢，若用他为将，一定大败无疑!”所以，赵奢临终前，特地把赵括唤到床前训导：“你不是当大将的材料，千万不可勉为其难。”又嘱托妻子说：“日后如果赵王想叫赵括当将军，你一定要推辞，否则会败军辱国!”

公元前259年，秦军出兵攻打赵国，赵军由廉颇指挥，在长平（今山西高平县）坚持抵抗。廉颇虽已年老，但作战经验丰富。他见秦军实力强，不能硬拼快攻，就采取以守为攻的策略，任凭秦军怎样挑衅，也不应战。秦军怕这样长久相持下去难以应付，便派出奸细，到赵国去散布廉颇的谣言，说廉颇老了，胆子小了；秦军最怕的人是赵括，别的将军都不行……赵王信以为真，就把廉颇召了回来，改派赵括去统领军队。蔺相如当时正在病中，听说此事很着急，说：“赵括只不过死读了一些兵书，并无实战经验，更不懂得灵活运用，派他统率全军，怎么行呢!”

赵括的母亲也亲自上殿面见赵王，说她的儿子不能当大将。然而赵王主意已定，不管别人怎么反对，他都听不进去。最终，赵括还是当上了赵军的主将。

赵括威风凛凛地来到长平，立刻改变了廉颇持久战的策略，又更换了大批将官。然后，他率领三军主动出击，杀出了赵营。秦将白起非常高兴，设下圈套引诱赵括。两军对阵时，秦军佯装失败，赵括率兵猛追，结果被秦军团团围住。接着，秦军又截断了赵军的粮道。一个多月后，赵军粮绝，赵括被迫突围，被秦军乱箭射死，四十多万赵军也全部阵亡了。

【出处】《史记》

【释义】 在纸上谈论如何用兵。比喻夸夸其谈，不切实际。也比喻只是空谈而不能成为现实的事物。

【例句】 马谡只会纸上谈兵，没有实战经验，最后失了街亭。

走马观花

唐朝中期著名的诗人孟郊，出身于一个贫困的家庭，从小就养成了勤学苦练的习惯，品学兼优，才华出众。但是，他的仕途却一直很不顺利，从青年到壮年，好几次参加进士考试都落了第。

他虽然穷困潦倒，甚至连自己的家人都养不起，但他性情耿直，不肯走权贵之门。他决心刻苦攻读，用自己的真才实学，叩开仕途的大门。

唐德宗贞元十三年（公元 797 年），孟郊又赴京参加了一次进士考试。这次，他终于考中了，而这时，他已 46 岁了。几十年的拼搏，终于如愿以偿，孟郊十分高兴。他穿上崭新的衣服，扎上彩带红花，骑着高头大马，在长安城里尽情地游览。京城美丽的景色使他赞叹，高中进士的喜悦又使他万分得意，于是，他写下了这首著名的《登科后》：昔日龌龊不足夸，今朝旷荡恩无涯。春风得意马蹄疾，一日看尽长安花。

这首诗的意思是：过去那种穷困窘迫的生活是不值得再三提及的，今天我高中了进士，才真正感到皇恩浩荡。我愉快地骑着马儿奔驰在春风里，一天的时间就把长安城的美景全看完了。这首诗把诗人中了进士后的喜悦心情表现得淋漓尽致。其中“春风得意马蹄疾，一日看尽长安花”成为千古名句。

也有人从这首诗中引出“走马观花”和“春风得意”两个成语。

【出处】《登科后》

【释义】骑在跑着的马上看花。原形容得意、愉快的心情。现喻匆忙而不深入细致地只见察事物。

【例句】这次展会上的展品实在太多了，我们时间有限，只能走马观花地看了一下。